Nueva edición

Compañeros

Curso de español

3

Cuaderno de ejercicios

Francisca Castro Ignacio Rodero Carmen Sardinero Begoña Rebollo

ele
Español Lengua Extranjera

SGEL

Primera edición, 2016
Segunda edición, 2016

Produce: SGEL – Educación
Avda. Valdelaparra, 29
28108 Alcobendas (Madrid)

Dirección editorial: Javier Lahuerta
Coordinación editorial: Jaime Corpas
Edición: Yolanda Prieto
Corrección: TXT Servicios editoriales

Diseño de cubierta: Ignacio Rodero Sardinero
Fotografía de cubierta: Diego Lezama
Diseño de interior: Verónica Sosa
Maquetación: Leticia Delgado

Ilustraciones: ÁNGELES PEINADOR: pág. 6 (ej. 7), pág. 8 (ej. 1), pág. 12 (ej. 5), pág. 15 (ej. 2), pág. 29 (ej. 2), pág. 31 (ej. 4), pág. 32 (ej. 10), pág. 43 (ej. 1), pág. 45 (ej. 4), pág. 66 (ej. 8). SHUTTERSTOCK: pág. 10 (ej. 6 imagen B), pág. 16 (ej.3), pág. 34 (ej. 2 imagen 8), pág. 54 (ej. 1), pág. 55 (ejs. 2 y 3), pág. 68 (ej. 1), pág. 69 (ej. 3).

Fotografías: CORBIS IMAGES: pág. 64 (ej. 1 foto 6). SHUTTERSTOCK: Resto de fotografías, de las cuales, solo para uso de contenido editorial: pág. 5 ej. 5 foto David Beckham (Photo Works / Shutterstock.com); pág. 7 ej. 1 foto Rihanna (Tinseltown / Shutterstock.com); pág. 11 ej. 7 fotos desfile de moda (catwalker / Shutterstock.com); pág. 15 ej. 1 fotos 2 (Pigprox / Shutterstock.com), 5 (katatonia82 / Shutterstock.com) y 6 (29september / Shutterstock.com); pág. 16 fotos 1 (Philip Lange / Shutterstock.com) y 2 (Matyas Rehak / Shutterstock.com); pág. 17 ej. 5 sello (Olga Popova / Shutterstock.com) y ej. 6 foto Pau Gasol (robertlamphoto / Shutterstock.com); pág. 21 ej. 1 foto b (Joao Luiz Lima / Shutterstock.com); pág. 48 ej. 1 foto 5 (ymgerman / Shutterstock.com); pág. 49 ej. 1 foto festival (Christian Bertrand / Shutterstock.com); pág. 50 ej. 2 foto 8 (Luca Grandinetti / Shutterstock.com); pág. 61 ej. 1 foto Museo Guggenheim (Santi Rodriguez / Shutterstock.com); pág. 63 ej. 1 fotos Hurakan Cóndor (slava296 / Shutterstock.com), Kon-tiki Wave (Brian Kinney / Shutterstock.com) y Dragon Khan (Teodor Stefanov / Shutterstock.com); pág. 64 foto 5 (Caracarafoto / Shutterstock.com).

Audio: Cargo Music

ISBN: 978-84-9778-912-7 (edición internacional)
978-84-9778-940-0 (edición Brasil)

Depósito legal: M-28811-2016
Printed in Spain – Impreso en España
Impresión: Gómez Aparicio Grupo Gráfico

Contenidos

Punto de partida

VOCABULARIO

1 Añade dos palabras a la serie.

1 terremoto, tornado, ..., ...
2 tren, camión, ..., ...
3 simpático, alegre, ..., ...
4 gimnasio, salón de actos, ..., ...
5 testigo, robo, ..., ...
6 dolor de cabeza, tos, ..., ...

2 Completa el crucigrama.

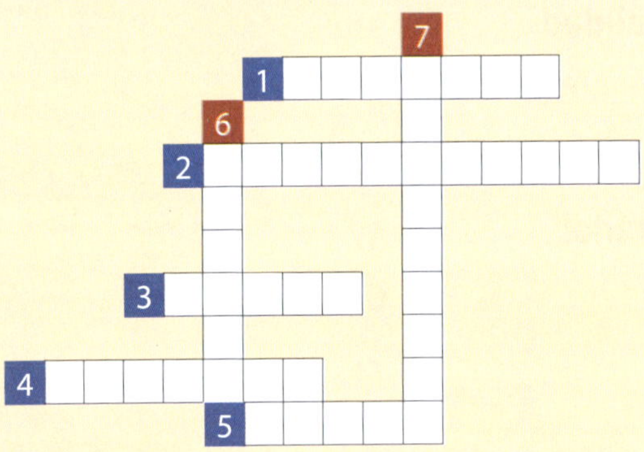

Horizontales

1 Hoy tengo fiebre y no puedo ir al colegio, estoy ....
2 Me gusta mucho la química, sobre todo cuando vamos al .... a hacer experimentos.
3 El medio de transporte más rápido es el ....
4 Mi padre defiende a los acusados, es un buen ....
5 Mi madre siempre va en .... al trabajo; le gusta ir leyendo un libro.

Verticales

6 La .... ha mojado el campo de tenis y no se puede jugar.
7 Juan está .... de Teresa. Le ha escrito un poema de amor.

3 Relaciona los siguientes verbos con las fechas.

1 ☐ casarse
2 ☐ ir al colegio
3 ☐ nacer
4 ☐ aprender a conducir
5 ☐ acabar los estudios
6 ☐ tener hijos
7 ☐ ir a la universidad
8 ☐ comprarse un coche
9 ☐ encontrar trabajo

4 Completa las frases con alguno de los siguientes verbos.

contaminar • reciclar • apagar • proteger
reutilizar • malgastar • tirar a la basura

1 Para poder .... el papel, debemos echarlo en los contenedores.
2 Hay que .... las luces cuando salimos de clase.
3 No dejes el grifo abierto para no .... el agua.
4 No debemos .... las pilas.
5 Es importante .... las bolsas de plástico para no .... el planeta.
6 .... a los animales en peligro de extinción es obligación de todos.

GRAMÁTICA

Presente

1 Relaciona y forma frases en tu cuaderno.

1 Yo	a canta muy bien.
2 Cristiano Ronaldo	b no les gustan las verduras.
3 Rihanna	c comen en el instituto.
4 A los niños	d somos buenos amigos.
5 Los estudiantes	e juega al fútbol.
6 Ana y yo	f voy de compras con mi hermana.

2 Completa las frases con la forma correcta del presente de los verbos entre paréntesis.

1 Yo .... (levantarse) a las 7:30 de la mañana.
2 Mi madre .... (salir) del trabajo a las 6 de la tarde.
3 A mis hermanos .... (gustar) jugar al fútbol.
4 Nosotros .... (ir) al instituto juntos.
5 ¿Tú .... (hablar) francés?
6 María y tú .... (estar) en la misma clase.
7 Mi madre .... (comprar) frutas y verduras por internet.

Pretérito imperfecto

3 Escribe las formas correspondientes del pretérito imperfecto.

1 comprar (yo) ....
2 abrir (tú) ....
3 tener (ellos) ....
4 jugar (nosotros) ....
5 escribir (vosotros) ....
6 ir (ella) ....
7 estar (tú) ....
8 ducharse (ellos) ....
9 salir (él) ....
10 leer (vosotros) ....
11 hacer (nosotros) ....
12 decir (ella) ....
13 levantarse (yo) ....
14 vivir (tú) ....

4 Completa con el pretérito imperfecto de los verbos entre paréntesis.

1 Mis abuelos .... (vivir) en Valladolid.
2 Yo .... (hacer) la compra en el mercado del barrio.
3 Mi hermano de pequeño .... (dibujar) muy bien.
4 Mi abuela .... (cocinar) mejor que mi madre.
5 Yo antes .... (ir) al cine con mis padres.
6 Tú .... (tener) un perro llamado Lucas.
7 Cuando yo .... (ser) pequeño, mis primos .... (venir) a casa todos los domingos.
8 Mis amigos y yo .... (jugar) al fútbol en el colegio.
9 Lara y tú .... (leer) un montón de tebeos.
10 Mi padre .... (ser) del Real Madrid.

Pretérito indefinido

5 Completa la biografía de David Beckham con el pretérito indefinido de los siguientes verbos.

vivir • tener • nacer (x3) • jugar
anunciar • trasladarse • fichar (x2) • casarse

David Beckham [1] .... en Londres, en 1975. Desde 1995 hasta 2003 [2] .... en el Manchester United. En 1999 [3] .... con la ex Spice Girl Victoria Adams. Ellos [4] .... dos hijos: Brooklyn y Romeo. En 2003 [5] .... por el Real Madrid y la familia Beckham [6] .... a la capital de España. Allí [7] .... su tercer hijo, Cruz, y [8] .... cuatro años. En 2007 [9] .... por Los Angeles Galaxy y allí [10] .... su cuarto hijo, Harper. En 2013, después de un breve fichaje con el Paris Saint-Germain, [11] .... su retirada del fútbol.

6 **Completa las frases con la forma correcta del pretérito imperfecto o pretérito indefinido de los verbos entre paréntesis.**

1 Cuando yo .... (ser) pequeño, ... (saber) tocar la flauta.
2 Mi tío no ....(tener) su primer ordenador, hasta que .... (empezar) a trabajar.
3 ¿.................... (estar) vosotros en clase cuando .... (entrar) el director?
4 Eva se .... (romper) el brazo cuando .... (ir) al Retiro.
5 Los chicos .... (encender) la televisión cuando .... (acabar) los deberes.
6 Tú no .... (ir) a la fiesta porque no .... (estar) en la ciudad.
7 Nosotros no .... (comer) la paella porque .... (estar) muy salada.
8 Yo .... (ver) por primera vez el mar cuando .... (tener) 10 años.
9 Vosotros .... (vivir) en Barcelona hasta que vuestro padre se .... (cambiar) de trabajo.
10 Cuando Sergio .... (abrir) la puerta, Paula .... (llevar) una peluca azul.

Pretérito perfecto

7 **Mira los dibujos y completa las frases con la forma correcta del pretérito perfecto.**

1 Ella .... (cantar) una canción.
2 Yo .... (leer) una revista.
3 Ellas .... (ver) una película.
4 Ella se .... (comprar) un reloj nuevo.
5 Nosotros .... (vestirse) de piratas.
6 Tú te .... (encontrar) un billete de 20 euros.
7 Yo .... (acabar) los ejercicios.
8 ¿Vosotros .... (escalar) una montaña?
9 Él se .... (comer) diez hamburguesas.
10 Él .... (ganar) la carrera.

8 **Haz preguntas para las siguientes respuestas. Fíjate en las palabras subrayadas. Usa los siguientes interrogativos.**

dónde • quién • ~~qué~~ • por qué • a qué hora • cuándo

• *¿Qué has desayunado?*
▪ He desayunado una tostada y un vaso de leche.

1 • ¿...?
▪ María ha tocado el violín.
2 • ¿...?
▪ Mi hermana ha salido de casa a las 9:30.
3 • ¿...?
▪ He hecho los deberes después de comer.
4 • ¿...?
▪ He visto a Laura en el instituto.
5 • ¿...?
▪ Patricia nos ha dado caramelos porque era su cumpleaños.

COMUNICACIÓN

1 **Ordena la siguiente conversación. Después, escucha y comprueba.**

a ☐ **Alba:** Tengo dos entradas para ver a Rihanna. ¿Quieres venir conmigo?
b ☐ **Amanda:** Bueno, nada en especial. ¿Por qué?
c ☐ **Alba:** ¿Qué vas a hacer el sábado?
d [1] **Amanda:** ¿Sí, dígame?
e ☐ **Alba:** ¿Qué tal si quedamos en mi casa?
f ☐ **Amanda:** Yo también llevaré vaqueros. ¡Hasta mañana!
g ☐ **Alba:** ¡Hola, soy Alba!
h ☐ **Amanda:** ¡Estupendo! ¿Qué te vas a poner?
i ☐ **Alba:** Adiós.
j ☐ **Amanda:** Vale. ¿Dónde quedamos?
k ☐ **Alba:** Unos vaqueros y una camiseta.
l ☐ **Amanda:** Sí, me encantaría. ¿Dónde actúa?
m ☐ **Amanda:** Hola, ¿qué tal?
n ☐ **Alba:** En el Palacio de Congresos, el sábado por la noche.

2 **Completa la entrevista usando las siguientes preguntas.**

¿Practicas deporte todos los días?
¿Cuál es tu grupo favorito?
¿Te preocupa el medioambiente?
¿Qué estudias?
¿Cuáles son tus aficiones favoritas?
¿Ves mucho la televisión?

1 • ....
▪ Estudio 3.º de Secundaria.
2 • ....
▪ Mis aficiones favoritas son jugar al fútbol y escuchar música.
3 • ....
▪ Mi grupo favorito es Tokio Hotel.
4 • ....
▪ No, no mucho, solo los fines de semana.
5 • ....
▪ No, tres veces a la semana.
6 • ....
▪ Sí, bastante. Por eso colaboro con un grupo ecologista.

1

¿Cómo eres?

VOCABULARIO

1 **Relaciona los dibujos con los siguientes adjetivos.**

simpático/-a • generoso/-a • serio/-a • estudioso/-a
tacaño/-a • vago/-a • cariñoso/-a • tímido/-a

1

2

3

4

5

6

7

8

2 **Escribe el contrario de los adjetivos utilizando los siguientes.**

serio/-a • sincero/-a • callado/-a
tacaño/-a • vago/-a • frío/-a

1 generoso/-a ....
2 hablador(a) ....
3 simpático/-a ....
4 cariñoso/-a ....
5 trabajador(a) ....
6 mentiroso/-a ....

3 **Completa las frases con los siguientes adjetivos.**

trabajador(a) • simpático/-a • serio/-a • sensible
callado/-a • generoso/-a • hablador(a) • vago/-a

1 Mi hermana nunca sonríe, es una persona muy ....
2 Pedro es muy ...., nunca dice nada.
3 A Juan le encanta estar en la cama, es un poco ....
4 Ana es muy sociable y .... Tiene muchos amigos.
5 El novio de Lucía siempre está invitándonos. Es muy ....
6 Julia no para de hablar. Es muy ....
7 Mi madre es muy ...., se emociona fácilmente.
8 Mi mejor amiga siempre hace los deberes. Es muy ....

4 **Seguro que habéis visto la película *Shrek*. Mira las imágenes y describe a sus personajes usando dos adjetivos de los ejercicios 1 y 2.**

1 SHREK

....

....

2 FIONA

....

....

3 BURRO

....

....

4 GATO CON BOTAS

....

....

5 DRAGONA

....

....

6 PRÍNCIPE ENCANTADOR

....

....

1

2

3

4

5

6

GRAMÁTICA

Oposición *ser / estar*

1 **Elige la opción correcta de los verbos *ser* o *estar*.**

1 Pau Gasol **es / está** uno de los mejores jugadores de baloncesto del mundo.

2 Mi hermana **es / está** muy triste porque no puede ir a la fiesta de fin de curso.

3 **Somos / Estamos** contentos porque hemos ganado la copa.

4 ¿Por qué no te vas a la cama? **Estás / Eres** muy cansada.

5 Julia y Paula **están / son** muy aburridas. Nunca salen con los amigos ni juegan a nada.

6 Siempre me das regalos, ¡**estás / eres** tan generoso!

7 Yo **estoy / soy** un poco tímido, me cuesta hacer amigos.

8 ¿**Está / Es** enfermo tu primo Alejandro? No ha venido al instituto.

9 Mi abuelo **está / es** independiente. Le gusta hacer las cosas solo.

10 ¿**Estáis / Sois** nerviosos? ¡La función va a empezar!

2 **Completa las frases con la forma correcta del verbo entre paréntesis.**

1 Inés hoy .... (estar) más habladora que otros días.

2 *El Señor de los Anillos* .... (ser) una gran película.

3 ¿Por qué .... (estar) enfadada? .... (estar) mucho más guapa cuando sonríes.

4 Mi madre .... (estar) preocupada porque mi hermano .... (ser) muy tímido.

5 Tú .... (ser) muy trabajadora, siempre apruebas.

6 Yo .... (estar) harto. Todo el mundo me regaña.

7 Laura .... (ser) muy simpática, siempre .... (estar) con mucha gente.

8 Lucas y tú .... (estar) enfadados porque no fuimos a vuestra fiesta.

9 Mi hermano Fernando .... (estar) enfermo. Tiene gripe.

10 Nosotros .... (ser) sinceros. No nos gustan las chicas que .... (ser) tacañas.

3 **Completa con la forma correcta de *ser* o *estar*.**

1 María hoy .... más trabajadora que otros días.
2 • ¿Cómo .... tu abuelo?
▪ .... enfermo. .... muy mayor.
3 Estas dos películas .... muy buenas.
4 • ¿Por qué .... tan serio?
▪ Porque he suspendido el examen.
5 La novia de Juan .... simpática y educada, pero hoy .... enfadada porque han discutido.
6 Ángel .... harto. Hoy no le ha salido bien nada.
7 Me parece que .... demasiado nervioso. ¿Te ha pasado algo?
8 Estas manzanas .... muy verdes. No se pueden comer.
9 Andrés siempre .... solo. .... muy independiente.
10 Mi tío .... preocupado porque mi prima .... muy vaga.
11 El profesor de español .... contento porque los exámenes .... muy bien.
12 Nosotros .... muy deportistas y .... en forma.
13 Hoy Carolina .... guapísima: su hermano .... fotógrafo y va a hacerle unas fotos.

4 **Todas las frases contienen un error en el verbo *ser* o *estar*. Corrígelos.**

1 Alba es enfadada porque su madre no le deja ir a la discoteca.
....
2 Yo es muy generoso con mis amigos.
....
3 Ángela y Joaquín son casados.
....
4 Vosotros estás cansados. Esta mañana habéis corrido diez kilómetros.
....
5 Nosotros estamos unos chicos muy simpáticos.
....
6 Tú eres muy contento porque has aprobado el examen de español.
....

5 **Traduce las siguientes frases a tu idioma.**

1 Alberto Contador es uno de los mejores ciclistas del mundo.
....
2 Yo soy muy hablador.
....
3 Guillermo y Ana están enamorados.
....
4 Tú eres muy simpático.
....
5 Nosotros estamos preocupados por el examen.
....

Pronombres de relativo

6 **Relaciona las imágenes con las definiciones y escribe su nombre debajo de cada imagen. Después, completa las definiciones con el pronombre relativo correspondiente.**

1 ☐ Es el lugar .... compras medicinas.
2 ☐ Es una persona .... enseña a los niños.
3 ☐ Es un vehículo .... tiene dos ruedas.
4 ☐ Es el país .... nació Ronaldinho.
5 ☐ Es una máquina .... sirve para hacer fotos.
6 ☐ Es una persona .... trabaja en un restaurante.

A ....

B ....

C ....

D ....

E ....

F ....

7 **Completa el texto sobre Agatha Ruiz de la Prada con un pronombre relativo.**

Agatha Ruiz de la Prada es una diseñadora de moda española [1] .... es famosa en todo el mundo. Madrid es la ciudad [2] .... tiene su empresa y Barcelona es el lugar [3] .... estudió.
Sus coloridos y peculiares diseños de corazones, estrellas y flores son una de las cosas [4] .... hacen que su ropa sea fácil de recordar.
Otras cosas [5] .... Agatha Ruiz de la Prada hace son colonias, muebles y material escolar.

8 **Une las frases, como en el ejemplo.**

Esta es la alumna nueva. Se sienta detrás de Ángel.
La alumna *que se sienta detrás de Ángel es nueva.*

1 Estoy enviando un mensaje. Es para felicitar a María.
El mensaje ....

2 Ayer me compré un reloj. Funciona sin pilas.
El reloj ....

3 El sábado pasado cenamos en un restaurante. Estaba cerca de la plaza Santa Ana.
El restaurante ....

4 Paula vivía en una casa. Tenía una piscina.
La casa ....

5 Jonathan y Tom vieron una película. Era de Almodóvar y estaba en versión original.
La película ....

6 Paso las vacaciones en la playa. Está limpia y no hay mucha gente.
La playa ....

7 Yo vi una chica rubia en la discoteca. Es la novia de mi hermano Antonio.
La chica rubia ....

8 El viernes me compré una calculadora. Funciona con energía solar.
La calculadora ....

9 Paso las vacaciones en un pueblo. Es el de mis padres.
El pueblo ....

10 Voy a buscar a un amigo. Vive en esta calle.
El amigo ....

11 Van a tomar un avión. Sale dentro de veinte minutos.
El avión ....

12 Yo conozco a un chico peruano. Es moreno y tiene los ojos negros.
El chico peruano ....

13 Hoy he comido en ese restaurante. Tiene unos postres deliciosos.
El restaurante ....

14 Manuel vive en una ciudad del norte. Nieva mucho en invierno.
En la ciudad del norte ....

15 Voy a estudiar en un instituto. Trabaja mi madre.
En el instituto ....

16 Mi amigo Rafael tiene una cámara digital. Funciona con pilas.
La cámara digital ....

17 Los pantalones eran demasiado ajustados. Me los probé.
Los pantalones ....

COMUNICACIÓN

1 **Diego y Virginia se acaban de conocer en el patio del instituto, durante el recreo. Ellos están hablando sobre las cosas que les gustan y no les gustan. Escucha y completa la conversación.**

Diego: ¿Te gusta [1] ....?

Virginia: Sí, me encanta estar con la gente [2] ....

Diego: A mí también me gusta.

Virginia: ¿Te gusta [3] ....?

Diego: No, no me gustan los sitios muy [4] ...., ¿y a ti?

Virginia: A mí tampoco. Yo prefiero los sitios [5] .... hay poca gente.

Diego: ¿Te gusta [6] ....?, porque yo toco el violín.

Virginia: ¡Guau!, tenemos un montón de cosas en común.

2 **Ahora escucha de nuevo y corrige tus respuestas.**

3 **Practicad el diálogo anterior en parejas.**

4 **Escribe frases diciendo si te gustan o no te gustan las siguientes actividades.**

1 .... los sitios donde se puede hablar por el móvil.
2 .... la gente que no recicla.
3 .... la gente que es generosa.
4 .... las playas donde hay mucha gente.
5 .... conocer a personas de otros países.
6 .... los sitios donde hay mucho humo.
7 .... la gente que no respeta a los demás.
8 .... las ciudades donde hay muchos museos.

5 **Lee la siguiente conversación e identifica en el dibujo a las personas de la fiesta, escribiendo su nombre en las etiquetas.**

David: Mar, ¿conoces a toda la gente que hay en la fiesta?

Mar: Sí, conozco a la mayoría, ¿por qué?

David: ¿Quién es ese que está hablando con Paula?

Mar: Es Ricardo, un chico de 3.º A.

David: ¿Y quién es esa de la camiseta verde?

Mar: Noelia, la novia de Daniel.

David: ¿Y el de la camiseta amarilla?

Mar: Leo, el primo de Paula.

David: ¿Y quién es esa que está con Carlos, la de la minifalda de cuadros?

Mar: Es mi hermana Laura, si quieres te la presento.

David: Vale. ¿Vamos?

COMUNICACIÓN Y VOCABULARIO

1 Completa las frases con una de las siguientes palabras.

tatuajes • barba • arrugas • calvo • estatura media • largo • fuerte • rizado • bigote

1 Tenía mucho pelo de joven. Ahora está ....
2 No es una chica muy alta, tampoco es muy baja. Yo diría que tiene una ....
3 Mi primo Luis tiene muchos .... en los brazos y en el cuerpo.
4 Mis hermanos están en la peluquería para cortarse el pelo. Lo tenían muy ....
5 Yo tengo el pelo .... Me gustaría tenerlo liso como mi madre.
6 Juan no se afeita porque quiere tener ....
7 Si vas al gimnasio tres días a la semana, te pondrás muy ....
8 Mi abuela es muy mayor. Tiene muchas .... en la cara.
9 Mi primo tiene un .... muy largo. Casi no se le ve el labio.

2 Describe físicamente a las personas que aparecen en las fotografías. Coméntalo con tu compañero.

Raquel es muy alta y delgada. Es morena y muy guapa. Tiene el pelo largo y liso.

3 Completa la tabla con las siguientes palabras.

tímido/-a • independiente • guapo/-a • fuerte • calvo/-a
hablador(a) • serio/-a • alto/-a • tacaño/-a • delgado/-a • estudioso/-a
feo/-a • bajo/-a • callado/-a • moreno/-a • trabajador(a)

Personalidad	Aspecto físico

DESTREZAS

LEER

1 Lee el autorretrato de Guillermo (3.º B – ESO). Después, contesta a las preguntas.

1 ¿Qué dos adjetivos definen la personalidad de Guillermo?

....

2 ¿Qué cosas le interesan a Guillermo?

....

3 ¿Con quién juega un partido de tenis los sábados por la mañana?

....

4 ¿Qué instrumento toca en la banda del barrio?

....

5 ¿Qué hace después de los conciertos?

....

6 ¿Qué le gustaría ser de mayor?

....

AUTORRETRATO

Guillermo (3.º B – ESO)

Lo que más destaca de mi personalidad es lo responsable y generoso que soy. Me gusta compartir mis cosas con los demás y tener todos mis deberes hechos. Para mí la amistad es lo más importante en la vida. Después de mis amigos, lo que más me interesa es el tenis. Me encanta jugar y verlo por televisión, sobre todo cuando juega Rafa Nadal. Entreno tres días a la semana y los sábados por la mañana juego con mi amigo Manuel.
También me gusta la música: toco el clarinete en la banda del barrio y, a veces, después de los conciertos, vamos a tomar un refresco y una *pizza*.
De mayor quiero ser médico y colaborar en una ONG para ayudar a los niños del tercer mundo.

ESCRIBIR

2 Ordena la siguiente autobiografía y completa los huecos con los siguientes adverbios de cantidad. Te servirá de ayuda la autobiografía de Elena de la página 20 del libro del alumno.

muy (x2) • poco • no ... muy • bastante (x2)

MI AUTOBIOGRAFÍA
(Marina Rubio)

☐ a Soy [1] .... sociable y trabajadora, pero también soy un [2] .... tímida y [3] .... sensible. Mi familia y mis amigos son [4] .... importantes para mí.

☐ b Soy [5] .... estudiosa y me encanta dibujar y diseñar edificios, por eso de mayor quiero ser arquitecta.

☐ c Yo nací en Alicante el día 8 de marzo del año 2003.

☐ d Lo que más me gusta hacer es leer, bailar y escuchar cualquier tipo de música. [6] .... soy .... aficionada al fútbol.

☐ e Desde los doce años estudio en el Instituto Luis Buñuel, donde tengo parte de mis amigos.

3 Haz a tu compañero estas preguntas. Toma nota de sus respuestas y escribe en tu cuaderno su biografía en cinco párrafos. Puedes usar como modelo la autobiografía de Marina Rubio del ejercicio anterior.

1 • ¿Dónde naciste?
▪ ....

2 • ¿Dónde estudias?
▪ ....

3 • ¿Cómo eres?
▪ ....

4 • ¿Qué es lo que más te gusta?
▪ ....

5 • ¿Qué quieres ser en el futuro?
▪ ....

2

Lugares

VOCABULARIO

1 **Relaciona las imágenes con las siguientes palabras.**

rascacielos • plaza de toros • museo
chalé adosado • estadio de fútbol • catedral

2 **Mira el dibujo y completa las etiquetas.**

1 ____________
2 ____________
3 ____________
4 ____________
5 ____________
6 ____________
7 ____________

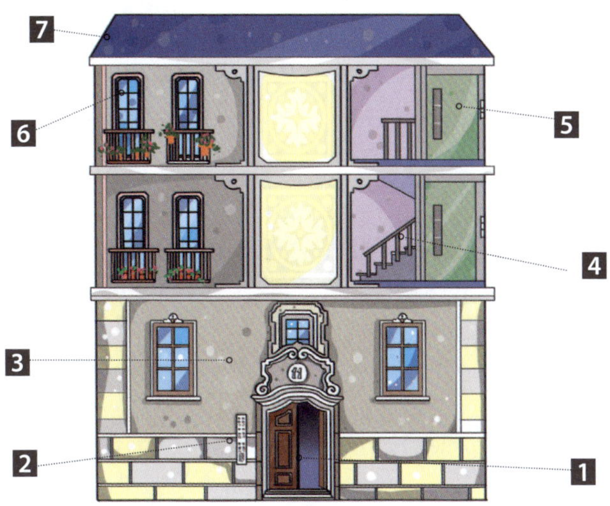

3 **Relaciona las definiciones con el nombre del edificio al que se refieren.**

1 Edificio donde se reúne el gobierno de la ciudad.
2 Edificio de viviendas.
3 Último piso con terraza de un edificio.
4 Vivienda familiar independiente.
5 Vivienda independiente en un bloque.
6 Edificio donde se guardan obras de arte.

a Chalé
b Museo
c Piso
d Ayuntamiento
e Bloque
f Ático

4 **Describe los siguientes edificios usando las siguientes palabras. Vuelve a leer los textos de la página 25 del libro del alumno si lo consideras necesario.**

vanguardista • formas retorcidas • acero y cristal • auditorio • ascensores panorámicos • láminas de agua

1

2

GRAMÁTICA

Pretérito indefinido

1 **Completa la tabla con la forma del pretérito indefinido de los siguientes verbos.**

	visitar	hacer	ver	tener	ir	estar
yo						
tú						
él / ella						
nosotros/-as						
vosotros/-as						
ellos / ellas						

2 **Completa las frases con el pretérito indefinido de los verbos entre paréntesis. Si tienes alguna duda, consulta en el *Resumen gramatical* del libro del alumno la construcción de los verbos irregulares.**

1 En septiembre de 2013, mis hermanos, mis primos y yo .... (ir) a Bilbao.
2 Nuria y Ángel .... (estar) el sábado en el Teatro Real.
3 Nosotros no .... (poder) ir al partido de baloncesto porque nos fuimos de excursión.
4 Mario me .... (decir) la hora del examen.
5 ¿.......................... (vender) tus padres el apartamento de la playa?
6 Yo .... (leer) el mensaje que me mandaste ayer.
7 Mis primos y yo .... (visitar) la Sagrada Familia el verano pasado.
8 Elena y Luis .... (comprar) un chalé adosado cerca del mar.
9 El famoso arquitecto valenciano Santiago Calatrava .... (diseñar) el Palacio de las Artes Reina Sofía.
10 Los obreros .... (construir) un estadio de fútbol enfrente de mi casa.
11 Portugal .... (ganar) la Eurocopa de 2016, a pesar de la lesión de Ronaldo.

3 **Escribe las siguientes frases en pretérito indefinido.**

1 ¿Te gusta la Catedral de León?

....

2 Estamos en el Museo del Prado.

....

3 Yo no voy de vacaciones.

....

4 Comemos unos bocadillos en la cafetería del Museo Guggenheim.

....

....

5 Mi hermano estudia en Barcelona.

....

6 La visita a las Cuevas de Altamira es muy interesante.

....

7 Tengo que trabajar los fines de semana para comprarme un ordenador.

....

....

8 Ellos se quedan en la puerta del ayuntamiento.

....

4 **Une las columnas para formar frases. Usa el pretérito indefinido de los siguientes verbos.**

inventar • diseñar • escribir ganar • pintar • ~~componer~~

Joaquín Rodrigo	Sagrada Familia
Gabriel García Márquez	Roland Garros
Antoni Gaudí	*Guernica*
Rafael Nadal	*Cien Años de Soledad*
Pablo Picasso	el submarino
Isaac Peral	*Concierto de Aranjuez*

Joaquín Rodrigo compuso el Concierto de Aranjuez.

....

....

....

....

....

5 **Lee la postal que, desde Berlín, le mandaron Amanda y María a Rubén, y pon los verbos entre paréntesis en pretérito indefinido.**

Rubén Crespo Álvarez
C/ Mayor, 4
Alicante

¡Hola, Rubén!
Ayer (1)........ (ser) un día maravilloso.
(2) .... (hacer) un sol espléndido y nosotras (3) .... (poder) dar una vuelta en barco por los canales de Berlín.
(4) .... (dar) un paseo por el barrio antiguo y (5) .... (subir) a la cúpula del Reichstag. También (6) .... (visitar) el museo de Pérgamo, ¡una preciosidad con un altar griego dentro!
Por la tarde, nos (7) .... (comer) un helado en Postdamer Platz y allí nos (8) .... (encontrar) con tu primo Vicente. ¡Qué casualidad!, ¿verdad?
Ya te enseñaremos las fotos cuando lleguemos a Alicante.
Besos
Amanda y María

6 **Completa el texto con el pretérito indefinido de los siguientes verbos.**

jugar • empezar (x2) • vivir • dejar
nacer • incorporar • ser

Pau Gasol [1] .... en Barcelona el 6 de julio de 1980. [2] .... en Sant Boi de Llobregat, una localidad cercana a Barcelona, durante su infancia y parte de su juventud y [3] .... a jugar al baloncesto en el equipo de su colegio.
En la temporada 97-98 [4] .... en el F. C. Barcelona y [5] .... campeón junior.
En el año 2000 [6] .... a estudiar Medicina, pero [7] .... los estudios para dedicarse exclusivamente al mundo del baloncesto.
En junio de 2001, se [8] .... a la NBA.

7 **Contesta a las siguientes preguntas utilizando los marcadores temporales: *ayer, hace un año...***

1 ¿Cuándo jugaste al ordenador por última vez? ....
2 ¿Cuánto tiempo hace que fuiste de vacaciones? ....
3 ¿Cuándo celebraste tu último cumpleaños? ....
4 ¿Cuándo llamaste por teléfono a tu mejor amigo? ....
5 ¿Cuánto tiempo hace que practicas un deporte? ....

8 **Traduce las siguientes frases a tu idioma.**

1 Vi a Felipe ayer por la tarde. ....
2 Mis padres se casaron en 1990. ....
3 Nosotros visitamos el Museo del Prado hace dos años. ....
4 Víctor estuvo en Costa Rica el verano pasado. ....
5 ¿Fuiste al Ayuntamiento la semana pasada? ....
6 Elena y Luis llegaron al teatro hace media hora. ....

Preposiciones de lugar

9 **Elige la preposición adecuada.**

1 Iba **hacia / desde** el polideportivo cuando vi a Lucía.
2 ¿Pasaste **para / por** el banco ayer?
3 Mis padres siempre van de vacaciones **a / en** Galicia.
4 **Para / Por** llegar a la cafetería tienes que subir **en / hasta** ascensor.
5 **Desde / En** mi casa **hasta / hacia** el tren tardo diez minutos.
6 **De / Para** Zaragoza **a / al** Barcelona hay más de 200 km.
7 **Por / Para** esta calle llegaremos a casa de Ricardo.
8 Cuando era pequeño, pasaba el verano **a / en** el pueblo de mi padre.
9 Mi profesor llegó **hasta / hacia** el final de la carrera.
10 Mi abuela va todos los domingos **al / a** la iglesia.
11 Nosotros vamos **al / a** instituto en autobús.
12 **Desde / En** la biblioteca **hasta / hacia** la casa de Ana tienes diez minutos andando.
13 Cuando Jesús era pequeño, vivió **a / en** Valladolid.
14 El desfile de carnaval pasa **en / por** la puerta de mi casa.

10 **Completa el texto con las siguientes preposiciones de lugar. En algunos casos, más de una respuesta es posible.**

a • al • de • desde • en • hacia • hasta • por • para

El año pasado fuimos de viaje de fin de curso [1] .... Andalucía [2] .... autocar. Pasamos [3] .... Jaén, pero no paramos [4] .... llegar [5] .... Córdoba. Visitamos La Mezquita y dimos una vuelta [6] .... el Barrio Judío. Tomamos unas tapas y nos fuimos [7] .... hotel. Al día siguiente salimos [8] .... Sevilla. Allí nos estaba esperando un grupo de estudiantes para enseñarnos la ciudad. Visitamos la Giralda y nos montamos [9] .... un tranvía. Comimos unos bocadillos [10] .... el Parque de María Luisa y [11] .... allí fuimos andando [12] .... los Jardines del Generalife.
Nuestro viaje terminó [13] .... Granada, donde nada más llegar nos dirigimos [14] .... la Alambra. ¡Una maravilla!

COMUNICACIÓN

1 Mira el plano del Museo de Arte Contemporáneo (MARCO), en México. Contesta a las preguntas.

1 ¿En qué planta está la cafetería?

....

2 ¿Dónde puedes escuchar música?

....

3 ¿Dónde puedes dejar tu abrigo y tu mochila?

....

4 ¿En qué planta están los talleres?

....

5 ¿Dónde están los servicios en la planta alta?

....

2 Escucha la conversación entre Óscar y el vigilante y contesta a las siguientes preguntas.

1 ¿Dónde está Óscar?

....

2 ¿A dónde quiere ir?

....

3 Escucha de nuevo la conversación y completa el diálogo.

Óscar: ¿Le puedo hacer una [1] ....?

Vigilante: Sí, claro. ¿En qué [2] .... ayudarte?

Óscar: ¿Puede decirme dónde está el [3] ....?

Vigilante: Por supuesto. Está en la planta [4] ...., enfrente de los servicios.

Óscar: ¿Puede decirme dónde están [5] ...., por favor?

Vigilante: Sube por las escaleras y justo a la [6] .... los encontrarás.

Óscar: Muchas gracias.

Vigilante: De nada.

4 Mira el plano del MARCO y prepara un diálogo con tu compañero, similar al del ejercicio anterior, preguntando cómo ir a la cafetería, a los talleres para niños o a la tienda.

Museo de Arte Contemporáneo

(MARCO), México

PLANTA BAJA

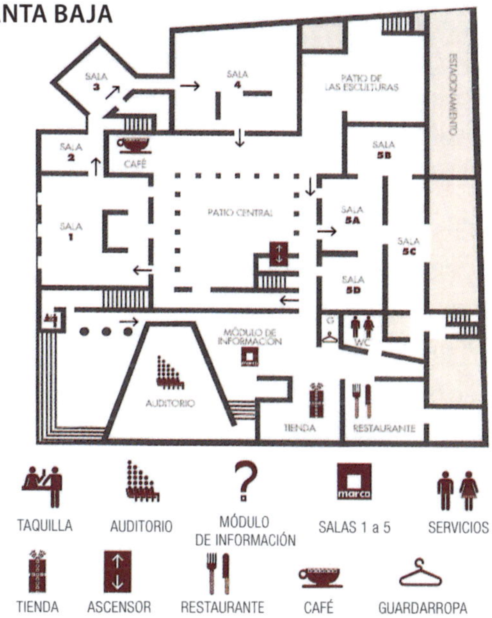

PLANTA ALTA

COMUNICACIÓN Y VOCABULARIO

1 Encuentra diez parejas de adjetivos sinónimos.

inclinado/-a • raro/-a • famoso/-a • torcido/-a • enorme
diminuto/-a • viejo/-a • conocido/-a • ensordecedor(a)
pacífico/-a • muy grande • moderno/-a • bonito/-a
antiguo/-a • tranquilo/-a • extraño/-a • ruidoso/-a
precioso/-a • innovador(a) • muy pequeño/-a

.... / .... / ....
.... / .... / ....
.... / .... / ....
.... / .... / ....
.... / .... / ....

2 Completa las frases con los adjetivos adecuados.

1 La casa de mis abuelos era **e** _ _ _ _ _. Tenía seis habitaciones y tres baños.
2 La cafetería del instituto es muy **r** _ _ _ _ _ _.
3 Coldplay es un grupo de música muy **f** _ _ _ _ _. Lo conoce todo el mundo.
4 El hotel donde estuvimos el verano pasado tenía unas vistas **p** _ _ _ _ _ _ _ _.
5 En la fiesta de Elisa conocí a un chico un poco **r** _ _ _. Solo bebía leche.
6 El diseño de este coche es muy **i** _ _ _ _ _ _ _ _.
7 La biblioteca del barrio es un sitio **t** _ _ _ _ _ _ _ _ para estudiar.
8 Mi coche ya es muy **a** _ _ _ _ _ _.

3 Elige la respuesta correcta.

1 El edificio Empire State es ..., mide 381 metros.
a ruidoso b antiguo c enorme
2 La Torre de Pisa está ... por un defecto de diseño.
a inclinada b moderna c famosa
3 Los conciertos de *rock* son muy...
a viejos b ruidosos c tranquilos
4 Mi hermano tiene un perro...
a muy grande b torcido c innovador
5 Esta canción es muy famosa, es una de las más ... de Shakira.
a extrañas b conocidas c ensordecedoras
6 El Coliseo es más ... que la Basílica de San Pedro.
a antiguo b torcido c innovador
7 La película *Bajo la misma estrella* nos cuenta una historia...
a enorme b torcida c rara
8 *Imagine*, la canción de John Lennon, es...
a preciosa b innovador c muy pequeña

4 Completa el texto con los siguientes adjetivos.

famosos • antigua • precioso • extraño • ensordecedor
diminuta • tranquilo • enorme • modernos

El fin de semana pasado un grupo de amigos alquilamos una casa (1) ...., con seis habitaciones, en un pueblo pequeño y (2) .... de Segovia para celebrar el cumpleaños de Óscar. La casa era muy (3) ...., pero la decoración y los electrodomésticos eran (4) ....; teníamos de todo: microondas, horno digital, lavavajillas, lavadora y televisión plana. Tenía dos plantas y, desde el balcón de la segunda planta, podía verse un paisaje (5) .... de montañas y bosques.

La primera noche, sucedió algo (6) .... Después de estar bailando hasta las dos de la madrugada, nos acostamos y, al poco rato, un ruido (7) .... nos despertó a todos. Era una mezcla de sonidos y golpes que procedían de una habitación que estaba cerrada. Cuando al final abrimos la puerta, vimos que tres palomas habían entrado por una (8) .... ventana y no conseguían salir. Todo el aire estaba lleno de plumas y las aves se golpeaban una y otra vez contra las paredes. Finalmente, conseguimos cogerlas y echarlas de la casa.

A la mañana siguiente, éramos (9) .... en el pueblo por nuestra pequeña aventura nocturna.

DESTREZAS

LEER

1 **Lee los siguientes textos y relaciona las imágenes con estas maravillas del mundo.**

1 **CRISTO REDENTOR** ○
Estatua conmemorativa del centenario de la independencia de Brasil. Sus creadores fueron el escultor Landowski, el ingeniero Heitor da Silva Costa y el artista plástico Carlos Oswald. Se inauguró en 1931 en Río de Janeiro. Tiene 38 metros de altura y se eleva a 710 m sobre el nivel del mar, ofreciendo vistas impresionantes.

2 **CHICHÉN ITZÁ** ○
Esta ciudad-templo maya se encuentra en la península del Yucatán (México) y fue dedicada a Quetzalcóatl, dios de la lluvia, siendo un centro político y económico del nuevo imperio maya, fundado en el año 987.
Su edificio más representativo es la pirámide de Kukulcán, con 55 m de base y 30 m de altura.

3 **MACHU PICCHU** ○
El emperador inca Pachacútec construyó una ciudad a 2438 m de altura en el siglo XV.
En la montaña podemos ver las ruinas de los templos.

a

b

c

2 **Lee los textos de nuevo y contesta a las preguntas.**

1 ¿Qué conmemora la estatua del Cristo Redentor?

....

2 ¿Cuánto mide la estatua?

....

3 ¿A quién está dedicada la ciudad-templo maya?

....

4 ¿Cuándo se fundó el nuevo imperio maya?

....

5 ¿Quién construyó una ciudad a 2438 m de altura?

....

6 ¿Qué podemos ver en la montaña?

....

ESCRIBIR

3 **Elige una de las maravillas del mundo y descríbela. No te olvides de incluir en tu descripción:**

- ¿Dónde está?
- ¿Quién lo construyó o mandó construir?
- ¿Cómo es?
- ¿De qué época es?

....

....

....

....

....

....

3 Vida sana

VOCABULARIO

1 Localiza en la sopa de letras diez alimentos.

L	E	C	H	E	A	O	R	F	C	E	C
E	W	A	V	E	R	D	U	R	A	Y	E
G	D	R	N	U	R	Q	X	U	P	P	R
U	G	N	B	I	O	T	H	T	O	A	E
M	E	E	A	J	Z	E	T	A	T	S	A
B	I	U	C	O	D	U	Ñ	M	Z	T	L
R	F	Ñ	E	I	P	L	A	S	G	A	E
E	B	J	I	L	E	P	K	M	V	K	S
S	A	X	T	A	W	Z	L	I	E	F	E
E	S	P	E	S	C	A	D	O	M	O	R

2 Relaciona las imágenes con las siguientes actividades.

ver la tele muchas horas • dormir poco • montar en bici
comer frutas y verduras • nadar • comer comida basura

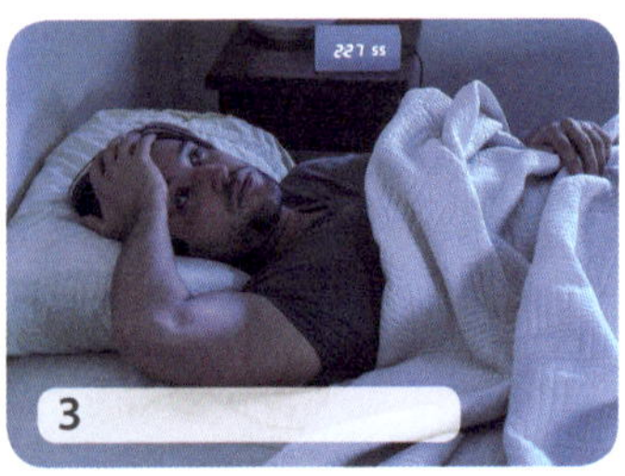

3 Clasifica las actividades del ejercicio 2 en función de si son buenas o no son buenas para llevar una vida sana.

Son buenas	No son buenas

4 Completa las frases con las palabras adecuadas. Si necesitas ayuda, vuelve a leer el texto de la página 37 del libro del alumno.

1 Hay que comer todos los días fruta y verduras porque tienen muchas **v**__________.

2 Las legumbres, la carne, el pescado y los huevos son alimentos ricos en **p**__________.

3 Los alimentos ricos en hidratos de carbono son la **p**__________, el **a**__________ y los **c**__________.

4 El aceite es rico en **g**__________.

5 A los alimentos que contienen una gran cantidad de grasas, sal o azúcar y aditivos químicos se les llama **c**__________ **b**__________.

6 Uno de los efectos negativos de la comida basura es el exceso de **p**__________.

7 La comida del mediodía tiene que ser **s**__________ y **e**__________.

8 La dieta **m**__________ es rica en verduras, frutas y pescado.

9 Practicar ejercicio físico de forma habitual y moderada es bueno para el **c**__________ y la **m**__________.

10 El **d**__________ es fundamental para nuestro rendimiento físico e intelectual a lo largo de la mañana.

GRAMÁTICA

Pretérito perfecto

1 **Escribe el participio de los siguientes verbos.**

romper	
estar	
ir	
poner	
tener	
hacer	
jugar	
decir	
hacer	
abrir	
escribir	
ver	

2 **Completa las frases con la forma correcta del pretérito perfecto.**

1 Hoy Alejandro .... (comer) comida tailandesa.

2 Yo .... (ver) muchas películas de Tim Burton.

3 Mis padres .... (viajar) por muchos países.

4 Mi hermano .... (romper) el jarrón de cristal.

5 ¿............................ (abrir / tú) la ventana?

6 Nosotros .... (no escribir) esa carta.

7 ¿............................ (hacer / vosotros) el examen oral?

8 Marina .... (ponerse) un traje de vampiro.

9 Yo .... (no decir) la fecha de mi cumpleaños.

10 Mis compañeros y yo .... (ir) de excursión a la sierra de Madrid.

11 Hoy era el último día para matricularse y .... (no avisar / yo) a Juan.

3 **Relaciona y forma frases usando el pretérito perfecto.**

1 ☐ Yo / descargar
2 ☐ Sofía / diseñar
3 ☐ Juan / no enviar
4 ☐ Tus amigos / visitar
5 ☐ Tú / no compartir

a un correo a sus amigos sobre el concierto
b las fotos de la fiesta en Facebook
c música para mi mp3
d su propia página web
e mi blog de cocina

1 ....
2 ....
3 ....
4 ....
5 ....

4 **Escribe cinco cosas que crees que ha hecho tu compañero antes de venir al colegio. ¿Has acertado?**

- *Te has levantado a las 7 de la mañana.*
- *No es verdad. Me he levantado a las 6.45.*

- *Has desayunado cereales.*
- *Sí. Has acertado.*

1 ....
2 ....
3 ....
4 ....
5 ....

Marcadores de frecuencia

5 Mira las imágenes y escribe frases sobre tus experiencias utilizando los marcadores de frecuencia *nunca, alguna vez* y *muchas veces*.

(ver)
Yo nunca he visto un glaciar.

1 (vivir) ______________________

2 (montar) ______________________

3 (nadar) ______________________

4 (comer) ______________________

5 (hacer) ______________________

6 (viajar) ______________________

7 (escribir) ______________________

6 Completa las frases con los siguientes marcadores de frecuencia. Más de una respuesta es posible.

ya • nunca • últimamente • todavía
alguna vez • muchas veces • siempre

1 Hace dos semanas que estoy en Granada y ______________ no he visitado la Alambra.
2 ¿Has hecho ______________ los deberes? Nos vamos al cine.
3 ______________ he hecho mucho deporte. Estoy en forma.
4 ¡Es muy tarde y Marisa ______________ no ha llegado!
5 Aunque me gusta la música pop, ______________ escucho música clásica.
6 ¿Has estado ______________ en Nueva York?
7 Mis amigos y yo hemos jugado a los bolos ______________. Nos gusta mucho.
8 Mi tía ______________ ha montado en avión. Tiene miedo.
9 Carmen ______________ ha visto la exposición de Juan Muñoz en el Museo Reina Sofía.
10 Nosotros hemos comido ______________ pollo al curry, nos encanta.

7 Completa el diálogo con los siguientes marcadores de frecuencia y con el pretérito perfecto de los siguientes verbos.

todavía • vender • comprar • ya • escuchar
nunca • oír • alguna vez

Inés: ¿[1] ______________ al grupo pop Selina Hebe Ella?
Mar: No, [2] ______________ he oído a ese grupo. ¿De dónde son?
Inés: Son de Taiwán. Ya [3] ______________ un montón de discos.
Mar: ¿Han venido [4] ______________ a Madrid?
Inés: No, creo que [5] ______________ no han visitado Europa.
Mar: ¿Tú [6] ______________ a Jesse y Joy?
Inés: Sí, sí los he escuchado. Son mexicanos y [7] ______________ me [8] ______________ su primer álbum.

Pretérito indefinido / Pretérito perfecto

8 Elige la forma más adecuada.

1 Ayer **hemos comido / comimos** pasta con gambas.
2 Yo nunca **he montado / monté** en bicicleta.
3 ¿**Has patinado / Patinaste** sobre hielo alguna vez?
4 El lunes pasado **he visto / vi** un programa sobre nutrición.
5 Esta mañana Carolina **ha tocado / tocó** el piano en clase.
6 Mis primos **han dormido / durmieron** en tienda de campaña muchas veces.
7 Hace tres días **hemos jugado / jugamos** al fútbol en el recreo.
8 ¿**Habéis ido / Fuisteis** de campamento el verano pasado?

9 **Pon los verbos entre paréntesis en la forma correcta del pretérito perfecto o del pretérito indefinido.**

1 • ¿Qué .... (hacer / tú) este fin de semana?
▪ El viernes .... (jugar) un partido de tenis con mi amiga Alba, el sábado .... (ir) con mis padres al teatro a ver un musical y el domingo .... (estar) en casa estudiando ciencias naturales.

2 • ¿Qué le .... (pasar) a tu hermana en el brazo?
▪ Se lo .... (romper). El sábado se .... (caer) patinando en el parque.

3 • ¿.................... (hacer / tú) los ejercicios de matemáticas?
▪ Sí. Los .... (terminar) ayer por la tarde. Son muy fáciles.

4 • ¿.................... (ver) vosotros *Hellboy 2*?
▪ Sí. La .... (ver) el domingo pasado.

5 • Estoy buscando a Pablo. ¿Lo .... (ver / tú)?
▪ Yo lo .... (ver) ayer en el instituto. ¿.................... (mirar / tú) en la biblioteca?

10 **Reescribe las siguientes frases teniendo en cuenta los usos del pretérito perfecto y del pretérito indefinido que has aprendido.**

1 El fin de semana pasado he estado en Toledo con mis amigos.
....

2 ¿Mandaste alguna vez un mensaje a Irene?
....

3 Nosotros hemos tenido clase de español hace dos días.
....

4 Mis padres y yo hemos ido de *camping* a Galicia en agosto.
....

5 Todavía no hice el trabajo de tecnología.
....

6 Esta mañana no me lavé el pelo.
....

7 Últimamente hice mucho deporte.
....

8 Mis primos Daniela y Fernando han visitado París el verano pasado.
....

9 Nadal y Federer han jugado la final del torneo Madrid Open ayer por la tarde.
....

10 Carla todavía no nos envió la foto por Whatsapp.
....

Nombres compuestos

11 **Lee las siguientes definiciones, relaciónalas con las imágenes y escribe su nombre.**

1 ☐ Sirve para quitar las manchas.
2 ☐ Se utiliza para sacar punta a los lápices.
3 ☐ Sirve para abrir latas.
4 ☐ Se usa para cortar las uñas.
5 ☐ Lo usamos para limpiar los cristales.
6 ☐ Sirve para lavar la vajilla.
7 ☐ Se utiliza para abrir las botellas.
8 ☐ Se utiliza para salvar vidas.

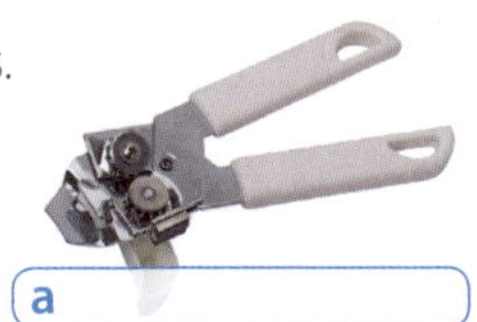
a ....

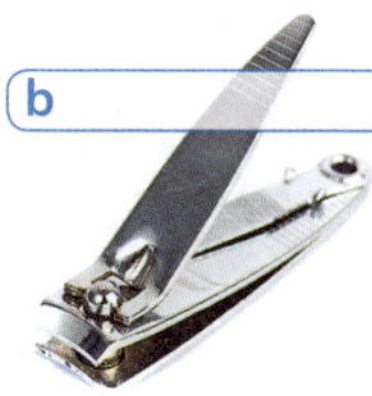
b ....

c ....

d ....

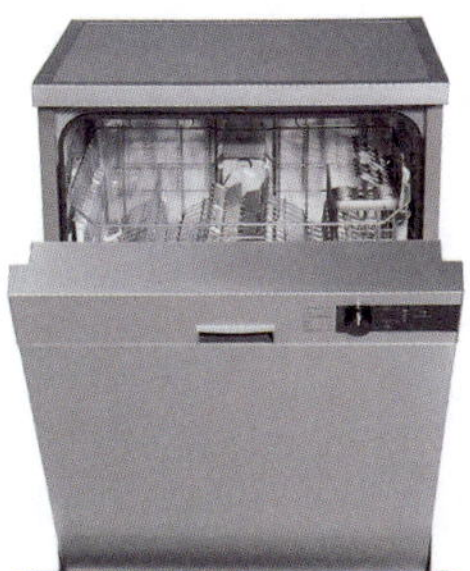
e ....

f ....

g ....

h ....

COMUNICACIÓN

1 **Ordena los pasos de la receta del batido de fresa y completa las frases con las siguientes palabras.**

introduce • mezcla • ingredientes • batidora
poco • lávalos • vierte • trocea • fresón

BATIDO DE FRESA

A ☐

[1] ____________:
- 1 vaso de leche
- 5 o 6 fresones
- Un [2] __________ de vainilla azucarada.

B ☐

[3] __________ los fresones con la leche y la vainilla y pásalos por la [4] __________.

C ☐

[5] __________ el batido en un vaso.

D ☐

[6] __________ los fresones.

E ☐

[7] __________ una pajita y decóralo con un [8] __________ colocado en el borde del vaso.

F ☐

Coloca los fresones en un recipiente y [9] __________.

2 (4) **Ana está preparando algo especial para su fiesta de cumpleaños, pero no se acuerda muy bien de la receta. Escucha la conversación entre Ana y Elena y averigua qué está preparando.**

3 (4) **Ahora, lee el diálogo y complétalo con las siguientes palabras. Después, escucha de nuevo y practica el diálogo con tu compañero.**

muchos • demasiada • batido • vale
qué te parece • muy sano • poco • compras
cuánto tiempo • harina • bastantes • rico

Ana: Mañana es mi cumpleaños y quiero preparar algo especial.

Elena: ¿Por qué no [1] __________ una tarta de chocolate y unas botellas de coca-cola?

Ana: Eso no me parece [2] __________.

Elena: ¿[3] __________ si hacemos un bizcocho de manzana?

Ana: [4] __________. ¡Qué buena idea!

Elena: ¿Tienes huevos, [5] __________, yogur…?

Ana: ¡Voy a mirar en la nevera! Sí, hay [6] __________ huevos, [7] __________ manzanas y yogures.

Elena: También necesitamos un [8] __________ de aceite de oliva y mantequilla.

Ana: ¿Y azúcar?

Elena: No [9] __________. No te olvides de la levadura.

Ana: Ya tenemos todos los ingredientes. ¿[10] __________ tiene que estar en el horno?

Elena: Treinta minutos. ¿Y para beber, qué vas a comprar?

Ana: Haremos un [11] __________ de fresa.

Elena: ¡Qué [12] __________ y qué sano!

COMUNICACIÓN Y VOCABULARIO

1 Pon debajo de cada foto la palabra que corresponda.

crudo/-a • sano/-a • dulce • picante • frito/-a • comida basura

1 ....

2 ....

3 ....

4 ....

5 ....

6 ....

2 Rodea con un círculo la respuesta correcta.

1 Por favor, ponme un poco más de azúcar en el café. Me gusta **dulce / salado**.
2 ¿Hay una bolsa de guisantes **congelados / sanos** en el frigorífico?
3 A mí me gusta mucho la comida mexicana porque es muy **sosa / picante**.
4 A Luis no le gusta la comida **estropeada / vegetariana**. Dice que es aburrida; además, a él le encanta la carne.
5 En casa comemos comida **basura / sana**. Tomamos mucha fruta y verdura.
6 Mi abuela cocinaba con muy poca sal y la comida estaba **sosa / congelada**.
7 Este verano hemos comido mucho pescado **frito / dulce** en Cádiz.
8 El pavo de Navidad estaba realmente **estropeado / sabroso**. A todo el mundo le gustó.
9 Esta leche está **frita / estropeada**. No te la bebas.
10 Las patatas estaban tan **saladas / dulces** que me han dado mucha sed.

3 Completa el correo electrónico con las siguientes palabras.

picante • dulce • congelada • sabroso • fritas
salada • crudo • soso • vegetariana

Enviar Chat Adjuntar Agenda Tipo de letra Colores Borrador Navegador de fotos Mostrar plantillas

Para:

Asunto:

Hola, Rosa:

La comida de Navidad fue todo un éxito. Todos los productos eran frescos, excepto la merluza que era (1) ...., porque mi hermano es alérgico al anisakis*. La sopa estaba un poco (2) .... para mi gusto; en cambio, el pescado estaba algo (3) .... También había solomillo de ternera. A mi padre le pareció muy (4) ...., se lo comió muy poco hecho, casi (5) .... Por si fuera poco, no faltó comida (6) .... para mi tía Margarita, ni las patatas (7) .... con salsa (8) .... que le encantan a mi primo Manolo. De postre, la tarta, que estaba muy (9) ...., como le gusta a mi abuela.

¿Cómo te fue a ti?

Elena

* Anisakis: parásito del pescado que causa enfermedades

4 Añade los siguientes prefijos a los adjetivos.

pre • re • des

1 ....congelado
2 ....natado
3 ....calentado
4 ....cocinado

5 Completa las frases añadiendo uno de los prefijos anteriores.

1 La comida basura tiene más ....ventajas que ventajas para la salud.
2 Voy a .... buscar de nuevo en el armario, a ver si encuentro la chaqueta.
3 No hagas el bizcocho con leche ....natada, no está muy bueno.
4 He ....enviado la receta de la tarta de queso a Inés.
5 Los productos ....cocinados son poco saludables.

DESTREZAS

LEER

1 **Lee los siguientes textos.**

¿Llevan una vida sana LOS ADOLESCENTES?

¡Hola!, me llamo Álvaro, tengo 15 años y soy de Málaga. Mi dieta no es la más sana porque como muy a menudo comida basura. Ya sé que la fruta y la verdura son mejores que las hamburguesas, las patatas fritas y la *pizza*, pero a mí me encanta este tipo de comida y me resulta muy difícil cambiar de hábitos.

Lo bueno es que me gusta hacer deporte. Creo que jugar al fútbol es más emocionante que jugar al ordenador, además me hace sentirme más fuerte. También voy al instituto andando y, siempre que puedo, uso la bicicleta.

¡Hola!, soy Laura, de Valencia. Yo no como mucha comida basura. Creo que las ensaladas y la fruta son más sanas y ricas que los bollos y las hamburguesas. Pero no practico ningún deporte y el único ejercicio físico que hago es en la clase de Educación Física.

Mi instituto está lejos de casa y mi padre me lleva en coche, paso mucho tiempo jugando con el ordenador y viendo la tele.

2 **Lee los textos otra vez y contesta a las siguientes preguntas.**

1 ¿Qué tipo de comida prefiere Álvaro?

....

2 ¿Qué es lo más sano que hace Álvaro?

....

3 ¿Qué piensa Laura de las ensaladas y la fruta?

....

4 ¿Cuándo practica deporte Laura?

....

5 ¿Cómo van al instituto Laura y Álvaro?

....

ESCUCHAR

3 (5) **Escucha la entrevista que ha hecho Miriam a Margarita, profesora de arte del Instituto Los Limoneros, de Valencia. Contesta si las frases siguientes son verdaderas (V) o falsas (F).**

1 ☐ Margarita es vegetariana porque se lo recomendó el médico.
2 ☐ Margarita empezó a ser vegetariana hace 3 años.
3 ☐ Al principio sus padres no lo entendían.
4 ☐ Los ovolácteos comen huevos y pescado.
5 ☐ En España es fácil encontrar un menú vegetariano.
6 ☐ El plato que recomienda es seitán al horno.

ESCRIBIR

4 **Escribe en tu cuaderno un pequeño texto contando cómo eres de sano (tipo de comida que comes, deporte que haces...).**

4

De compras

VOCABULARIO

1 **Relaciona las imágenes del póster con las siguientes palabras y tradúcelas a tu idioma.**

anillo:	pulseras: ....
gorra:	pendientes: ....
gafas de sol:	bolso: ....
perfume:	medias: ....

2 **Escribe qué hay en el armario de Rosa y en el armario de Andrés.**

ARMARIO DE ROSA

1 ....
2 ....
3 ....
4 ....
5 ....

ARMARIO DE ANDRÉS

1 ....
2 ....
3 ....
4 ....
5 ....

3 **Relaciona las definiciones con las siguientes palabras.**

cliente • ponerse • mostrador • barato • dependiente
ancho • corto • probador • sentar bien • pagar en efectivo

1 Lo contrario de caro. ....
2 Persona que trabaja en una tienda y atiende al público. ....
3 Cuando una prenda de vestir te favorece, es tu talla. ....
4 Lo contrario de estrecho. ....
5 Persona que compra. ....
6 Lugar donde se prueban las prendas de vestir. ....
7 Lo contrario de largo. ....
8 Mesa sobre la que se muestra la ropa a los compradores en una tienda. ....
9 Donde no admiten tarjeta de crédito hay que ....
10 Lo contrario de quitarse. ....

GRAMÁTICA

Presente de subjuntivo

1 Completa el presente de subjuntivo de los siguientes verbos.

1 **saber:** sepa, ..., ..., ..., ..., ...
2 **dar:** dé, ..., ..., ..., ..., ...
3 **comprar:** compre, ..., ..., ..., ..., ...
4 **ser:** sea, ..., ..., ..., ..., ...
5 **ir:** vaya, ..., ..., ..., ..., ...
6 **aprobar:** apruebe, ..., ..., ..., ..., ...
7 **vender:** venda, ..., ..., ..., ..., ...
8 **tener:** tenga, ..., ..., ..., ..., ...
9 **escribir:** escriba, ..., ..., ..., ..., ...
10 **conocer:** conozca, ..., ..., ..., ..., ...

2 Completa las frases con el verbo en presente de subjuntivo.

1 Mañana es mi cumpleaños y quiero que .... (venir / vosotros) a mi fiesta.
2 Nos vamos de vacaciones. Necesito que nos .... (cuidar / tú) al gato.
3 Si mañana hace bueno, quiero que .... (salir / vosotros) a correr al patio.
4 Venid a casa esta tarde. Quiero que .... (conocer) a mi hermano.
5 Mi abuela necesita que le .... (hacer / yo) la compra, no puede andar.
6 Mi madre se examina del carné de conducir. Espero que .... (aprobar).
7 Mario quiere ir al parque de atracciones, pero necesita que su tía le .... (dar) dinero.
8 Ayer no pude ir a clase. Necesito que me .... (decir / tú) los deberes que hay que hacer.
9 Espero que Pablo .... (saber) la respuesta del ejercicio 2.
10 Ayer fuimos de compras y te compramos esta camiseta. Espero que te .... (gustar).

3 Completa el texto con el presente de subjuntivo de los siguientes verbos.

salir • cambiar • organizar • venir • dejar • ser • hacer • estar • llevar • enseñar

Loli y Conchi quieren que entre todos [1] .... una acampada en la montaña. Tenemos que preparar las tiendas de campaña y comprar la comida. Además, quieren que Antonio no se [2] .... en casa la guitarra, para poder cantar por las noches.

Pensábamos ir en autobús, pero Luisa y Ana quieren que Juan y yo [3] .... las bicis, por eso les hemos pedido a los demás que [4] .... el plan para ir en tren.

Como no ha llovido últimamente, esperamos que la leña [5] .... seca y que alguien [6] .... capaz de encender un fuego para preparar la cena.

También necesitamos que el primo de María [7] .... con nosotros. Conoce muy bien la zona y espero que nos [8] .... la cueva donde nace el río Lobo.

Espero que [9] .... el sol y Juan [10] .... un buen reportaje fotográfico con su cámara nueva.

4 **Los alumnos de 3.º A van a ver una exposición en el Museo del Prado. Antes de salir del instituto, el profesor les ha hecho varias advertencias. Mira los dibujos y escribe una frase con cada uno de los siguientes verbos, como en el ejemplo.**

~~llevar la entrada~~ • no comer • tirar • no hacer ruido
no tocar • tomar apuntes • estar en la puerta • no usar

Espero que llevéis todos la entrada.

1 ....

2 ....

3 ....

4 ....

5 ....

6 ....

7 ....

5 **Relaciona las dos columnas y forma frases, como en el ejemplo. Hay más de una opción.**

1 Nosotros queremos que no
2 Mamá no quiere que
3 Clara necesita que
4 Espero que no
5 Quiero que
6 Pedro y Ana esperan que

a Juan llevar los niños al colegio
b (vosotros) irse a dormir tarde
c (tú) hacer los deberes
d los abuelos llegar a tiempo al teatro
e (nosotros) chatear tanto
f (vosotras) venir muy tarde

1 *Nosotros queremos que no os vayáis a dormir tarde.*
2 ....
3 ....
4 ....
5 ....
6 ....

6 **Elige la forma correcta del presente de subjuntivo.**

Cristina y Rocío quieren que entre todos (1) **organicen / organicemos** la fiesta de fin de curso. Tenemos que preparar las mesas y adornos y comprar la comida. Esperamos que alguien (2) **traigamos / traiga** una cámara de fotos. Además, quieren que Roberto (3) **inviten / invite** a los profesores a la fiesta.

También necesitamos que el primo de Ricardo (4) **venga / vengan** con su grupo de *rock* y (5) **toquen / toquéis** un montón de canciones.

Como lleva toda la semana lloviendo, esperamos que ese día (6) **salgas / salga** el sol y (7) **podamos / puedan** hacer la fiesta en el patio.

Pensábamos venir disfrazados pero, al final, les hemos pedido a todos que (8) **se pongan / se ponga** ropa elegante.

Espero que los profesores (9) **bailéis / bailen** y que todos nos lo (10) **pasemos / paséis** muy bien.

7 **Completa los diálogos expresando a esa persona lo que deseas.**

1 • Hoy tengo un examen.
▪ ¡Que ....!

2 • Es mi cumpleaños.
▪ ¡Que ....!

3 • Nos vamos de vacaciones a Italia.
▪ ¡Que ....!

4 • Mi hermano no tiene trabajo.
▪ ¡Que ....!

5 • Estoy cansado.
▪ ¡Que ....!

Adjetivos descriptivos

8 **Escribe el contrario de los siguientes adjetivos.**

grande *pequeño/-a*

1 barato/-a	....	5 fino/-a	....
2 ancho/-a	....	6 largo/-a	....
3 claro/-a	....	7 bueno/-a	....
4 bonito/-a	....	8 antiguo/-a	....

9 **Describe las prendas de las siguientes imágenes usando los adjetivos del ejercicio 8.**

calcetines cortos

1 ....

2 ....

3 ....

4 ....

5 ....

6 ....

10 **Describe cómo van vestidos Tomás y Verónica.**

1 Tomás lleva una gorra gris, ...
....

2 Verónica lleva una falda verde, ...
....

COMUNICACIÓN

1 **Los alumnos del Instituto Valle Inclán, de Málaga, han realizado una encuesta para evaluar el nivel de consumismo de los adolescentes. Contesta a las preguntas.**

¿ERES UN(A) CONSUMISTA COMPULSIVO/-A?

1 Pasas por delante de un escaparate.
- a Te quedas mirando por si te interesa algo.
- b Te deja indiferente.
- c Entras dentro de la tienda.

2 Te acaban de dar la paga.
- a Metes parte del dinero en la hucha.
- b Lo metes en el bolsillo sin prestar mucha atención.
- c Te vas de compras con los amigos.

3 Te vas a comprar unos vaqueros...
- a porque los necesitas.
- b pero al final no te los compras.
- c por impulso, sin pensarlo.

4 ¿Qué te compraste la última vez?
- a Una camiseta.
- b No lo sabes, lo has olvidado.
- c Tres libros, dos camisetas, un videojuego...

5 ¿De qué compra te arrepientes?
- a De ninguna.
- b De alguna que no te resultó útil.
- c De muchas, no quieres ni pensarlo.

6 ¿Con qué frecuencia sales de compras?
- a Cada quince días.
- b Una vez al mes.
- c Una vez a la semana.

7 ¿Cuántas marcas puedes recordar ahora mismo?
- a Recuerdas algunas.
- b Te suena alguna.
- c Conoces casi todas las marcas.

8 ¿Qué te parecería un mundo en el que no fueran necesarias las compras?
- a Tendría sus ventajas.
- b Un paraíso.
- c Un infierno.

9 Tu mejor amigo/-a va a la última moda y tú...
- a intentas ir a la moda pero sin marcas.
- b piensas que no es tu problema.
- c te sientes mal si no vas como él / ella.

2 **Ahora mira los resultados y compara tus respuestas con las de tu compañero.**

Mayoría de **a**: Consumista moderado Puedes pasarte bastante tiempo sin comprarte nada y eres capaz de ahorrar para conseguir aquello que realmente te gusta.
Mayoría de **b**: Poco consumista No te afecta la moda ni los escaparates te incitan a comprar, en realidad no te gusta ir de compras.
Mayoría de **c**: Consumista compulsivo Solo estás a gusto si vas a la última moda. Necesitas comprar cuanto más mejor.

3 **Completa el diálogo con las siguientes frases.**

dónde • creo que no • hacer la devolución
qué compraste • el tique de compra
cambiarla por otra • de cuadros rojos y negros
crees que fue una buena compra

Marta: Ayer fui de compras con Julia.

Amanda: ¿[1] ....?

Marta: Unos pantalones [2] .... y una camiseta negra.

Amanda: ¿[3] ....?

Marta: En la calle Fuencarral, en Madrid.

Amanda: ¿[4] ....?

Marta: Pues, pensándolo bien, [5] ...., porque tengo un montón de camisetas negras.

Amanda: Si quieres, puedes (6) .... de otro color.

Marta: Ya, pero no encuentro (7) ....

Amanda: Entonces, no puedes cambiarla ni ellos tampoco pueden (8) .... del dinero.

Marta: ¡Qué fastidio! Bueno, ahora tengo una más, siempre me ha gustado el negro.

COMUNICACIÓN Y VOCABULARIO

1 Busca ocho lugares en la sopa de letras.

G	F	C	T	S	I	É	M	F	F	N	C	I	W	O	T
N	N	U	I	S	J	R	R	Q	T	Í	I	P	R	I	I
L	T	G	E	S	O	X	G	O	J	U	M	G	D	M	E
L	I	X	N	H	F	M	M	X	X	B	C	L	C	F	N
Á	E	D	D	Y	D	Ú	K	N	F	Y	H	G	W	C	D
T	N	D	A	Q	I	J	O	Y	E	R	Í	A	L	X	A
P	D	F	D	L	C	A	F	E	T	E	R	Í	A	K	D
H	A	Q	E	R	I	Y	C	H	V	K	H	R	S	U	E
Q	D	B	D	S	C	Y	V	Á	M	R	T	S	X	C	M
R	E	Q	E	Y	B	V	K	F	T	Y	O	T	G	B	Ú
V	R	Á	P	J	X	K	V	E	X	É	V	Y	M	D	S
G	O	E	O	W	K	Q	O	D	D	R	O	N	U	J	I
P	P	V	R	N	Z	A	P	A	T	E	R	Í	A	Y	C
É	A	F	T	É	A	Y	J	Y	V	N	A	X	L	A	A
S	U	P	E	R	M	E	R	C	A	D	O	W	F	G	Y
C	H	Y	S	A	L	I	B	R	E	R	Í	A	I	L	Á

2 ¿Dónde puedes comprar estas cosas? Relaciona las imágenes con los siguientes lugares.

joyería • tienda de electrodomésticos
tienda de música • tienda de ropa • librería
tienda de deportes • supermercado • zapatería

1 cereales

2 lavadora

3 anillo

4 zapatos

5 CD

6 vestido

7 bicicleta

8 diccionarios

3 Completa el crucigrama.

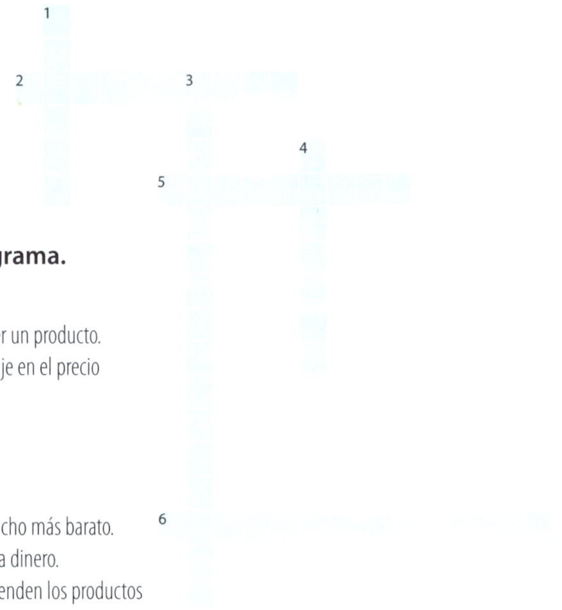

Horizontales:
2 Dinero que dan al devolver un producto.
5 Reducción de un porcentaje en el precio de un producto.
6 Justificante de pago.

Verticales:
1 Precio de un producto mucho más barato.
3 Máquina en donde se saca dinero.
4 Temporada en la que se venden los productos a precios reducidos.

4 Completa las frases con las palabras del crucigrama anterior.

1 Esta semana los estudiantes tienen un 20% de .... en los portátiles.
2 Si no trae el ...., no podemos hacerle la .... del dinero.
3 Tengo que sacar dinero en el .... para hacer la compra.
4 Mi hermano quiere comprarse un móvil en las .... Seguro que cuesta la mitad.
5 ¡Qué .... tan buena! Puedes comprarte dos camisetas por el precio de una.

5 Completa el texto con las siguientes palabras.

zapatería • cajero automático • ofertas • librería • tienda de deportes
cafetería • descuento • tienda de música • joyería • tienda de ropa

Ayer estuve con Irene comprando los regalos de Navidad. Primero estuvimos en una (1) .... mirando unos pendientes para mi madre. Después pasamos por una (2) .... para comprarle el último libro de Almudena Grandes a mi padre. Irene necesitaba unos zapatos de tacón para la fiesta de Nochevieja, así que fuimos a una (3) .... nueva y, de paso, yo me compré un precioso vestido negro en la (4) .... que había al lado.
Como estábamos muy cansadas, decidimos tomarnos un café en la (5) .... de la segunda planta, que es muy tranquila. Luego tuvimos que buscar un (6) .... porque me había quedado sin dinero y todavía me faltaban por comprar algunos regalos. A mi hermana Claudia le compré un CD de Pablo Alborán en la (7) .... donde trabaja David, que nos hizo un (8) .... Por último, a mi hermano le compré una gorra en la (9) .... que siempre tiene unas (10) .... magníficas. ¡Fue un día de compras completo!

DESTREZAS

LEER

1 **Lee el texto siguiente sobre la influencia de la música en la apariencia física de los adolescentes. Después, contesta a las preguntas.**

Raperos, roqueros, góticos, hippies..., cada cual tiene su estilo.

La música que escuchan los jóvenes les dicta lo que deben llevar. Cada género musical tiene sus propios códigos. Así, el roquero lleva vaqueros entallados y la mecha rebelde, el aficionado al rap nunca sale sin sus pantalones anchos y su gorra, la gótica casi duerme con sus botas... Pero no siempre se tiene el dinero para vestir como uno quisiera, o los padres, a veces, no dejan que sus hijos adolescentes salgan vestidos así o simplemente ellos no se atreven.

En general, la mayor parte de los estudiantes prefiere confundirse con la masa. En el colegio los que presumen de imagen son siempre una excepción, los que forman un grupo aparte (los raperos con los raperos...). Las chicas son un poco más atrevidas. No les importa llevar complementos, ropa colorista... Se fijan menos en el qué dirán.

La imagen es importante para todos los adolescentes porque habla de sí mismos, especialmente de la música que escuchan, y les permite diferenciarse y construir su personalidad.

Adaptación del texto sondeo «Mi música, mi look y yo» de Okapi

1 Escribe cuatro estilos de apariencia física.

....

2 ¿Cómo se viste un rapero?

....

3 ¿Cuáles son los problemas que puede encontrar un adolescente para ponerse lo que quiere?

....

4 ¿Quiénes son más atrevidos, los chicos o las chicas? ¿Por qué?

....

5 ¿Por qué es importante la imagen para los adolescentes?

....

ESCUCHAR

2 6 **Escucha a Yolanda y Marcos hablando sobre su imagen / estilo y la música que escuchan. Después, contesta a las preguntas.**

1 ¿Cuál es el estilo de Yolanda?

....

2 ¿Qué materiales combina en los cinturones?

....

3 ¿Qué lleva puesto normalmente?

....

4 ¿Qué estilo le gusta a Marcos?

....

5 ¿Cómo se viste?

....

6 ¿Qué música escucha cada uno?

....

ESCRIBIR

3 **Escribe un párrafo contando el estilo que te gusta y la música que escuchas.**

....

....

....

....

5

Periodismo y actualidad

VOCABULARIO

1 **Completa el crucigrama con los nombres de las secciones de un periódico.**

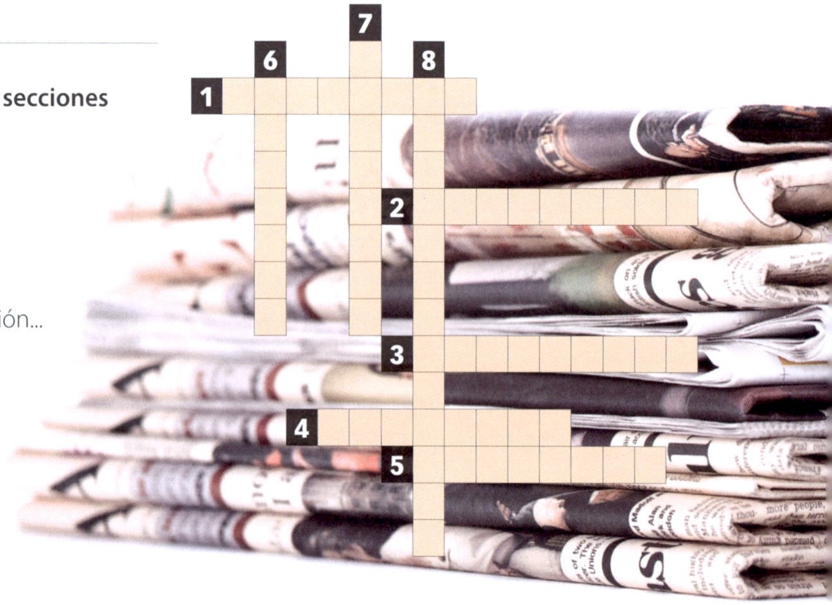

Horizontales

1 Noticias sobre negocios.
2 La opinión del periódico.
3 Noticias sobre salas de cine, programas de televisión...
4 Noticias sobre fútbol, tenis...
5 Noticias sobre tu país.

Verticales

6 Noticias sobre literatura, arte, música...
7 Noticias sobre hechos de famosos.
8 Noticias sobre otros países.

2 **Relaciona el vocabulario con las definiciones.**

1 Quiosco
2 Periodista
3 Titular
4 Entrevista
5 Anuncio
6 Fotógrafo
7 Revista
8 Portada

a Reunión o artículo en el que una persona le pregunta a otra sobre algún asunto.
b Persona que hace fotos.
c Primera página del periódico.
d Lugar donde se venden periódicos, revistas...
e Persona que se dedica a escribir para los periódicos.
f Frase o palabra que encabeza una noticia.
g Cualquier cosa, escrito o dibujo, con que se anuncia un producto comercial.
h Publicación periódica especializada en diferentes temas.

3 **Completa las frases con el vocabulario de los ejercicios 1 y 2.**

1 Según la .... del periódico, *El niño con el pijama de rayas* empieza a las seis y media en el cine Ideal.
2 Podrás encontrar más noticias sobre la Copa Davis en la sección de ....
3 Todos los sábados mi hermano compra una .... de coches en el ....
4 A Rafa Nadal le hicieron una .... en el aeropuerto.
5 Mi amiga Merce es ...., escribe para El País.
6 Guardiola y Mourinho aparecieron en la .... del periódico, fueron la noticia del día.
7 ¿Has leído el .... de esta noticia?
8 La foto de Messi sujetando la copa la hizo un .... argentino.

GRAMÁTICA

Pretérito imperfecto

1 Completa el texto con el pretérito imperfecto de los siguientes verbos.

cambiar • querer • ir • estar
preferir • dar • discutir • comprar
abrir • hablar • necesitar

Cuando mis amigos y yo [1] .... al instituto, Luis siempre [2] .... cromos en la tienda de al lado y luego los [3] .... con otros chicos. Todos los días en el recreo nosotros [4] .... sobre nuestra colección de cromos. Yo [5] .... coleccionar futbolistas y Luis coches. Mis amigos [6] .... jugar al fútbol, pero Luis en seguida [7] .... la mochila y nos [8] .... justo los cromos que [9] ....
Siempre [10] .... juntos y nunca [11] ....

2 Cristina estudiaba danza en el Conservatorio hasta ayer, que empezó a bailar en el ballet de Víctor Ullate, para un programa de danza en Televisión Española. Su vida ha cambiado. Escribe en tu cuaderno las frases, como en el ejemplo.

Antes
1 ~~ir / a clase de danza por la mañana~~
2 bailar / cinco horas al día
3 comer / en el Conservatorio
4 siempre / llevar / el pelo corto
5 estudiar / música por la tarde
6 sus amigos y ella / quedar / en la plaza

Ayer
1 ~~empezar / su gira con el ballet de Víctor Ullate~~
2 ensayar / durante seis horas
3 sus compañeros y ella / comer / con la profesora
4 hacerse / un moño
5 bailar / en el Teatro Real de Madrid
6 sus amigos y ella / quedar / en el Teatro Real

1 Antes Cristina iba a clase de danza por la mañana. Ayer empezó su gira con el ballet de Víctor Ullate.

Pretérito imperfecto / Pretérito indefinido

3 Completa el texto con la forma correcta (pretérito imperfecto o pretérito indefinido) del verbo entre paréntesis.

Ángel Corella

Ángel Corella está considerado el mejor bailarín del mundo por los críticos más especializados y ocupa la plaza de bailarín principal del American Ballet Theatre de Nueva York. Recientemente ha creado su compañía Corella Ballet Castilla y León.

[1] .... (nacer) en Madrid en 1975. A los seis o siete años ya [2] .... (bailar) en su casa de Colmenar Viejo e incluso [3] .... (crear) coreografías. Mientras sus hermanas [4] .... (tener) su clase de ballet, él [5] .... (ir) a clase de judo. Hasta que un día un niño le [6] .... (romper) la nariz y Ángel [7] .... (decidir) no volver.

Su hermana y él [8] .... (estudiar) en la escuela de Víctor Ullate y a los 15 años [9] .... (ganar) el Premio Nacional de España en Valencia.

En 1994 [10] .... (conseguir) el Gran Premio y la Medalla de la Villa de París. En 1996, al cumplir 21 años, [11] .... (llegar) a bailarín principal del American Ballet Theatre.

4 **Elige la respuesta correcta.**

1 Cuando llegamos a Londres, **llovió / llovía** mucho.
2 Ayer mis padres **comieron / comían** en este restaurante japonés.
3 El verano pasado **conocíamos / conocimos** a un grupo de italianos en la playa.
4 Mientras ellos **jugaron / jugaban** al fútbol, nosotros **leíamos / leímos** las noticias en internet.
5 Antes **pasamos / pasábamos** menos tiempo con el móvil que ahora.
6 No me **compré / compraba** el último disco de Coldplay porque **estaba / estuvo** agotado.
7 El sábado **vi / veía** un documental en el que **hubo / había** muchos animales salvajes.
8 María **cambiaba / cambió** de móvil porque no **tenía / tuvo** una buena cámara.

5 **Corrige el error que hay en cada una de las siguientes frases.**

1 La televisión antes fue en blanco y negro. ....
2 Cuando venían mis amigos, mi madre preparó la merienda. ....
3 Alejandra y yo íbamos al cine el domingo pasado. ....
4 Cuando mi abuela tenía nueve años, vivió en un pueblo. ....
5 La primavera pasada aprendíamos español en México. ....
6 Ramón y Blanca tenían una perra que se llamó Trufa. ....
7 Cuando fue joven, mi padre jugaba en un equipo de baloncesto. ....
8 El domingo comí pasta con almejas y me gustaba mucho. ....
9 Antes hubo menos periódicos que ahora. ....
10 Cuando llegué al teatro, mis amigos no estuvieron. ....

Imperativo

6 **Completa la tabla usando las formas del imperativo.**

	llamar		**hacer**		**venir**	
	Afirmativo	**Negativo**	**Afirmativo**	**Negativo**	**Afirmativo**	**Negativo**
tú	llama	[3]	[5]	no hagas	[9]	no vengas
usted	[1]	no llame	haga	no haga	venga	[11]
vosotros/-as	[2]	[4]	haced	[7]	[10]	no vengáis
ustedes	llamen	no llamen	[6]	[8]	vengan	[12]

7 **Completa las frases con la forma del imperativo del verbo entre paréntesis.**

1 Gabriela, por favor, (coger) .... el teléfono.
2 Niños, (sentarse) .... en vuestros sitios.
3 (No hacer / vosotros) .... la entrevista de trabajo.
4 Chicos, (venir) .... pronto. Cenamos en casa de los tíos.
5 Miguel Ángel, (no ir) .... por el parque, es muy tarde.
6 Señora, por favor, (traer) .... toda la documentación.
7 (Llevar / tú) .... el periódico al profesor de lengua, por favor.
8 (Leer / ustedes) .... el artículo de Javier Marías.
9 Chicos y chicas, (no escribir) .... encima de las mesas.
10 (Tener / usted) .... cuidado, hay hielo en la carretera.
11 Lucía, (ponerse) .... a hacer los deberes y .... (buscar) las palabras que no sepas en el diccionario.

9 **Traduce las siguientes frases a tu idioma.**

1 Antes leía el periódico todos los días.
....
2 Cuando mi abuela tenía cinco años, no iba al colegio.
....
3 Nos conocimos cuando éramos pequeños.
....
4 Mientras mi madre hacía la cena, yo puse la mesa.
....
5 El verano pasado fuimos a la playa.
....
6 Mañana no traigáis los libros.
....
7 Leticia y Verónica trajeron ayer una tarta de chocolate.
....
8 Mi hermano antes trabajaba en un quiosco.
....
9 Ramón empezó a trabajar como periodista cuando tenía veinticinco años.
....
10 No juegues con ese videojuego, es muy violento.
....

8 **Contesta a las preguntas como en el ejemplo.**

• ¿Lo leo en en voz alta?
▪ Sí, *léelo*.

1 • ¿Me pongo la bufanda?
▪ Sí, ...
2 • ¿Quieres que compre el periódico?
▪ No, ...
3 • ¿Le dejo los cedés de Mago de Oz a Pedro?
▪ Sí, ...
4 • ¿Puedo hacer los deberes en casa de Alba?
▪ Sí, ...
5 • ¿Te llamo por teléfono esta noche?
▪ No, ...
6 • ¿Puedo llevarme el móvil al instituto?
▪ No, ...
7 • ¿Te escribo un correo electrónico cuando llegue?
▪ Sí, ...
8 • ¿Puedo ponerme tus zapatos rojos?
▪ Sí, ...

COMUNICACIÓN

1 **Lee el póster informativo sobre Reporter@s del Planeta Tierra. Completa la información con las siguientes palabras.**

informativo • vídeo • periodistas • geológico • 15 de mayo • Valencia • reportaje • trabajo

Reporter@s DEL PLANETA TIERRA

¿CÓMO CONVERTIRSE EN [1] ______ CIENTÍFICOS?

Vuestro [2] ______ consistirá en la elaboración de un reportaje [3] ______ sobre un aspecto [4] ______ del planeta que os llame la atención.

El [5] ______ se ilustrará con fotografías y se aportará un [6] ______.

Plazo de envío

Enviar antes del [7] ______.

Premios

Entrega de premios en [8] ______.

2 **Lee la conversación entre Jaime y Blanca, su profesora de Ciencias Naturales. Complétala con estas preguntas.**

¿Quiénes pueden participar? • ¿Qué necesitamos?
¿Qué premios ofrece el concurso?
¿Qué tenemos que hacer para empezar a trabajar?
¿En qué consiste el concurso? • ¿Cómo tiene que ser?

Blanca: Bueno, chicos, este año se ha declarado el año internacional del planeta Tierra y creo que puede ser muy interesante que participemos en el Concurso de Reporter@s del Planeta Tierra.

Jaime: [1] ______

Blanca: Vamos a elaborar un reportaje de fotografía y un reportaje de vídeo.

Jaime: [2] ______

Blanca: El reportaje de fotografía debe estar formado por imágenes originales con un texto explicativo de cada una de ellas y el reportaje de vídeo debe tener una duración mínima de cinco minutos.

Jaime: [3] ______

Blanca: Alumnos de secundaria con un profesor. El número máximo de alumnos que pueden participar por clase es de treinta y cinco.

Jaime: [4] ______

Blanca: Una cámara de vídeo y cámaras digitales de fotos.

Jaime: [5] ______

Blanca: Lo primero es repartirnos en dos equipos, unos se encargan de la fotografía y otros del vídeo. Antes tenemos que decidir sobre qué aspecto geológico vamos a hacer el reportaje.

Jaime: [6] ______

Blanca: Para el colegio material fotográfico, videocámaras y cámaras digitales, y para vosotros un fin de semana en el Parque Nacional de Cabañeros (Toledo y Ciudad Real) con estancia y visita guiada.

3 7 **Escucha y corrige tus respuestas.**

4 **Busca dentro de la clase a alguien que:**

- Haya participado en un concurso
- Haya ganado un premio
- Le guste la fotografía
- Quiera ser periodista

COMUNICACIÓN Y VOCABULARIO

1 Relaciona las definiciones con las profesiones de prensa, radio y televisión.

1 Persona que diseña páginas web.
2 El / La que forma parte de una redacción.
3 Persona que ilustra.
4 Encargado/-a de corregir las erratas.
5 El / La que habla por radio para dar las noticias.
6 Persona que presenta programas.
7 Dirige un programa o un medio de comunicación.
8 Persona que hace entrevistas.
9 Periodista que envía noticias desde otro país.
10 Creador(a) o gestor(a) de un blog.

a Locutor(a) de radio
b Entrevistador(a)
c Diseñador(a) de páginas web
d Ilustrador(a)
e Corrector(a) de textos
f Corresponsal en el extranjero
g Bloguero/-a
h Redactor(a) de noticias
i Director(a) de programas / periódicos
j Presentador(a)

2 Encuentra seis verbos relacionados con trabajos en medios de comunicación en esta serpiente de palabras.

amilustrarpqinredactarovdirigirkuscorregirelentrevistaropordiseñaral

3 ¿Cuál es mi profesión? Después de cada presentación, indica a qué se dedica cada persona.

1 Hola, soy Luis. Me encanta mi trabajo. Me paso todo el día haciendo blogs. ....

2 Mi nombre es Mar. Llevo diez años trabajando en el periódico *El País* y me encargo de que las noticias salgan correctas, sin ninguna errata. ....

3 Soy Álex, tengo treinta y cinco años, trabajo en la televisión y presento uno de los concursos que están más de moda actualmente. ....

4 Mis amigos me llaman Cris. Envío noticias desde cualquier parte del mundo. Ahora estoy en Nueva York. ....

5 Buenas, soy Jorge. Trabajo en una emisora de radio dirigiendo el programa «Puerta abierta» que tiene elevados índices de audiencia. ....

6 Yo me llamo Paula. Mi trabajo es menos conocido pero muy importante. Me encargo de desarrollar el contenido de la información y me paso muchas horas redactando. ....

7 ¿Qué tal? Me llamo Carlos. Ilustro el periódico con gráficos para facilitar la comprensión de la información. ....

8 Hola, soy Ainhoa. Siempre quise ser periodista y lo que más me gusta de mi trabajo es entrevistar a personajes famosos. ....

4 Completa el texto con las siguientes palabras.

redactora • corresponsal • director
presenté • bloguera • entrevisté • locutora

Mi primer trabajo como periodista

Me llamo Martina. El año pasado terminé mis estudios de Periodismo en la universidad y hace varios meses que trabajo en la redacción de los servicios informativos de un canal privado de televisión. Ayer, por fin, (1) .... mi primera noticia como reportera.

El (2) .... me encargó cubrir una manifestación en el centro de la ciudad convocada por los sindicatos, para reivindicar un aumento del salario mínimo de los trabajadores.

Tras varios meses como (3) ...., mi trabajo como (4) .... ante las cámaras resultó sencillo, aunque hubo algunos altercados violentos tras el evento que lo complicaron. (5) .... a los organizadores de la manifestación, a algunos afectados por los disturbios y finalmente la noticia fue enviada a tiempo para ser editada.

Es un trabajo apasionante, aunque muy estresante, ya que trabajas con mucha presión y contrarreloj.

Aunque me siento muy feliz en la redacción, mi objetivo es llegar a ser (6) .... en algún país europeo. Me interesa mucho la economía y estoy especializada en relaciones internacionales, materias sobre la que escribo diariamente como (7) .... en mi página www.elmundoglobal.com.

DESTREZAS

LEER

1 **Lee el siguiente artículo sobre los móviles y los adolescentes. Después, contesta a las preguntas.**

Los móviles y los adolescentes

Cuando salimos a la calle, montamos en un autobús, vamos al cine o damos un paseo, no es raro ver a casi todos los adolescentes con su móvil en los bolsillos, charlando, enviando mensajes o *whatsapps*. En los últimos años, la mensajería móvil gratuita y flexible ha despegado y traído como consecuencia un brutal descenso de los consumos tradicionales de mensajes de texto.

Si antes, según las estadísticas de los principales operadores de telefonía móvil, cada terminal enviaba al día una media de veintinueve mensajes, ahora se envían más de cuarenta *whatsapps*. Este dato nos puede dar una idea del volumen de las comunicaciones en la telefonía celular y de la realidad de la adicción a los móviles.

La telefonía móvil da libertad de movimientos. Se puede llamar desde cualquier sitio y en cualquier momento, así como enviar y recibir mensajes cortos, pero su gasto es mayor que si usamos el teléfono fijo y la factura la pagan los padres.

El 97,9% de los adolescentes españoles de entre 12 y 17 años tiene teléfono móvil, y la edad a la que comienzan a usarlo es muy temprana: el 34% lo hace cuando tiene entre 8 y 10 años, mientras que el 45% lo hace entre los 10 y los 12 años.

La mayoría lo considera una necesidad y les gusta estar localizados. Además, creen que no debería estar prohibido su uso en los colegios e institutos.

1 ¿Cuántos mensajes se enviaban al día por cada teléfono? ¿Cuántos *whatsapps* se envían ahora?
2 ¿Cuáles son las ventajas de la telefonía móvil?
3 ¿Quién paga la factura?
4 ¿Qué porcentaje de adolescentes españoles entre 12 y 17 años tiene móvil?
5 ¿A qué edad empiezan los españoles a usar el móvil?
6 ¿Qué piensa la mayoría de los adolescentes sobre el uso del móvil?

ESCUCHAR

2 (8) **Esta tarde, a la salida del instituto, Raquel González ha preguntado a los alumnos «¿Para qué sirve estar informado?». Escucha lo que contestan Elvira, Ramiro y Teresa y completa las frases.**

Elvira: Piensa que estar informada sirve para conocer lo que [1] ...., para ser [2] .... y sugiere leer [3] .... y ver [4] ....

Ramiro: Cree que es importante estar informado para [5] .... en temas de [6] ....

Teresa: Piensa que hay que [7] .... del cambio climático.

ESCRIBIR

3 **Relaciona las columnas utilizando los siguientes conectores. Más de una respuesta es posible.**

por eso • aunque • sin embargo • por lo tanto

1 Estar informado es importante, ...
2 Ayudar a los demás es interesante, ...
3 La mayoría de mis amigos están enganchados al móvil, ...
4 Todos los días entro en internet ...

a ... yo no tengo tiempo.
b ... no tenga mucho tiempo.
c ... leo los periódicos y veo las noticias.
d ... deberíamos ser más solidarios.

1 ....
2 ....
3 ....
4 ....

6

¡Nos vamos de concierto!

VOCABULARIO

1 Mira los dibujos y escribe los nombres de los músicos.

2 ____________

3 ____________

1 ____________

5 ____________

4 ____________

6 ____________

7 ____________

8 ____________

2 Busca diez instrumentos en la sopa de letras.

S	B	I	A	C	O	R	D	E	Ó	N	E
A	R	S	T	L	S	A	Ñ	V	R	E	G
X	U	W	Q	A	P	I	S	W	M	L	H
O	F	E	N	R	A	Z	U	K	D	A	B
F	I	C	A	I	Ñ	Y	E	I	T	X	V
Ó	R	I	T	N	O	A	M	E	B	O	I
N	F	W	L	E	N	T	P	I	A	N	O
F	L	A	U	T	A	M	E	S	J	W	L
A	O	H	P	E	O	L	O	I	O	G	Í
X	Q	L	S	R	E	V	D	S	B	K	N
G	U	I	T	A	R	R	A	Ñ	Q	Ñ	O
A	J	T	E	K	I	W	L	U	L	A	S

____________ ____________

____________ ____________

____________ ____________

____________ ____________

____________ ____________

3 **Completa el texto con las siguientes palabras.**

cantantes • musical • ritmo • espectáculo • coro • batería • espectadores
tambores • saxofonistas • gira • orquesta • directora • entradas

El sábado pasado mis amigos y yo fuimos al teatro y sacamos unas [1] .... para ver Africa Umoja, un [2] .... sudafricano.
La [3] .... Todd Tuwala ha conseguido un [4] .... lleno de alegría y fuerza. Su música, desde los [5] .... y la danza de las tribus hasta la música actual con su [6] .... compuesta por un bajista, un [7] .... y dos [8] .... contagiaron su energía y [9] .... a todos los [10] ....
La brillante interpretación de sus [11] .... y el [12] .... nos emocionaron.
En fin, todo un éxito, un concierto espectacular con treinta y dos artistas de [13] .... por todo el mundo.

GRAMÁTICA

Pretérito pluscuamperfecto / Pretérito indefinido

1 **Completa el correo electrónico con el pretérito pluscuamperfecto de los verbos entre paréntesis.**

Mensaje nuevo

Ayer, en clase de español, la profesora nos contó que el fin de semana pasado [1] .... (estar) en Valencia. Allí [2] .... (quedar) con unos amigos. Su amiga Lucía les [3] .... (invitar) a comer arroz en un restaurante del puerto y les [4] .... (regalar) unas entradas para escuchar un concierto en el Palacio de las Artes.
Nos dijo que luego, por la tarde, sus amigos y ella [5] .... (escuchar) un concierto genial de Joan Manuel Serrat y que [6] .... (bailar) y cantado hasta las doce de la noche.
El domingo fueron al Oceanográfico, porque algunos de sus amigos nunca [7] .... (ir), pero, cuando llegaron, el Oceanográfico ya [8] .... (cerrar).

Enviar

2 **Completa las frases con el pretérito indefinido o el pretérito pluscuamperfecto de los verbos entre paréntesis.**

1 Eran las seis y mis padres todavía no .... (salir) de casa.
2 Cuando llegamos al cine, la película ya .... (empezar).
3 Miré el reloj y me .... (ir) a la librería a comprarme un libro.
4 Les mandé un mensaje a mis amigos y les .... (esperar) en la tienda de música.
5 Cuando mis amigos salieron del cine, yo ya .... (escuchar) todo el disco.
6 Uno de mis amigos se enfadó conmigo porque no le .... (dar) la entrada.
7 Luego nos fuimos a una pizzería y nos .... (comer) una *pizza* riquísima.
8 A la hora de irnos a casa, ... (empezar) a llover y ninguno .... (traer) un paraguas.
9 Rafa .... (no encontrar) el restaurante porque .... (no apuntar) la dirección correctamente.

3 **Relaciona las dos columnas y forma frases utilizando el pretérito indefinido o el pretérito pluscuamperfecto de los verbos que están entre paréntesis.**

1 Cuando yo (llegar) a la sala, …
2 Cuando Elena (ir) a Mallorca el 1 de agosto, …
3 Cuando nosotros (abrir) el correo, …
4 Cuando yo (empezar) a comer, …
5 Cuando tú (llamarme), …
6 Cuando Ana (regalarme) el libro, …

a María (escribir) un correo electrónico
b Ángel (terminar) el postre
c el concierto (empezar)
d yo (leerlo) en el verano
e yo (volver)
f yo (salir) de casa

1 *Cuando llegué a la sala, el concierto ya había empezado.*
2 ....
3 ....
4 ....
5 ....
6 ....

4 **Diego y Marta fueron de viaje de fin de curso a Galicia. Escribe todas las cosas que nunca habían hecho antes.**

dormir en tienda de campaña
Nunca habían dormido en tienda de campaña.

1 visitar la catedral de Santiago de Compostela
....

2 hacer surf
....

3 estar en un festival de música celta
....

4 comer pulpo
....

5 montar a caballo
....

6 nadar en el océano Atlántico
....

7 bucear
....

5 **Completa el texto con la forma correcta de los siguientes verbos. Usa el pretérito indefinido o el pretérito pluscuamperfecto.**

tener • no poder • dejar • visitar • decidir • estar • cerrar • no reservar • ir (x2) • llegar • llamar

Ayer pasamos el día en Segovia, pero cuando [1] .... a la estación del tren, Javier se [2] .... los billetes en casa. Así que [3] .... por teléfono a su hermana para que nos los trajera.

Cuando llegó, [4] .... corriendo al andén, pero el tren ya se [5] .... Al final [6] .... que esperar al próximo.

Por la mañana, [7] .... el Acueducto y la Casa de Antonio Machado. A las dos fuimos a un restaurante, pero como [8] .... mesa, [9] .... comer.

Por la tarde, cuando [10] .... ver el Alcázar, ya lo [11] .... Después, fuimos en autobús a los Jardines del Palacio Real, de la Granja de San Ildefonso, aunque Javier ya [12] ....

Adverbios de modo

6 **Completa las frases con los siguientes adverbios.**

mal • despacio • alto • deprisa • bien • bajo

1 Habla más ...., que no te oímos.
2 Este disco suena muy .... Me lo voy a comprar.
3 La entrevista ha salido .... Hay que repetirla.
4 No conduzcas tan ...., podemos tener un accidente.
5 Habla más ...., ella no entiende español muy bien.
6 Si cantas tan ...., no te oirá el público.

7 **Forma adverbios de los siguientes adjetivos.**

1 rápido	....	9 feliz	....
2 último	....	10 duro	....
3 tranquilo	....	11 completo	....
4 profundo	....	12 perfecto	....
5 fijo	....	13 inmediato	....
6 libre	....	14 nuevo	....
7 serio	....	15 loco	....
8 lento	....	16 difícil	....

8 **Traduce las siguientes frases a tu idioma.**

1 Cuando ellos llegaron, nosotros ya habíamos comprado las entradas.
....
2 Yo nunca había escuchado flamenco.
....
3 Manuel tocó la batería muy bien en el concierto.
....
4 Mis amigos nunca habían estado en un concierto de Dover.
....
5 Cuando te llamé por teléfono, ya habías salido de casa.
....
6 La profesora de francés habla muy deprisa.
....
7 Alba bailó perfectamente en el concurso.
....
8 Cuando Jesús terminó el examen, la profesora había salido de clase.
....

COMUNICACIÓN

1 **Lee el cartel del concierto de Estopa y contesta a las preguntas.**

1 ¿Dónde es el concierto?

....

2 ¿Qué día es el concierto?

....

3 ¿A qué hora empieza el concierto?

....

4 ¿Cuándo puedo entrar?

....

5 ¿Qué disco van a presentar?

....

6 ¿Dónde puedes comprar las entradas?

....

2 **Lee el diálogo y complétalo con las siguientes preguntas.**

¿Qué tal tiempo hizo? • ¿Dónde actuaron?
¿Qué temas tocaron? • ¿Fuiste solo?
¿Qué tal fue el concierto?

Luis: ¿Qué tal las vacaciones de Navidad?

Germán: Fantásticas. Estuve en Madrid y vi el concierto de Estopa.

Luis: (1) ....

Germán: En el Palacio de Congresos.

Luis: (2) ....

Germán: Genial, el Palacio estaba lleno de gente, todo el mundo cantaba y bailaba. Me lo pasé fenomenal.

Luis: (3) ....

Germán: No, fui con mis primos. Lucas y Guille, como son fans, estuvieron dos horas antes de que abrieran.

Luis: (4) ....

Germán: Bastante bueno para ser diciembre.

Luis: (5) ....

Germán: *Rumba triste, Cuando tú te vas, Partiendo la pana* y muchas otras. En Reyes me regalaron el disco.

Luis: ¡Qué suerte! A ver cuándo me lo dejas escuchar.

3 9 **Ahora escucha y practica con tu compañero.**

4 **Prepara un diálogo con tu compañero sobre algún concierto en el que hayáis estado. Utilizad las preguntas del ejercicio 2.**

COMUNICACIÓN Y VOCABULARIO

1 Relaciona los siguientes adjetivos con las imágenes.

emocionante • deprimido/-a • fascinante
relajado/-a • preocupado/-a • sorprendente

1 ....

2 ....

3 ....

4 ....

5 ....

6 ....

2 Completa el crucigrama.

Horizontales:

2 Un baño caliente es realmente...
5 Perder una mascota es...

Verticales:

1 No conseguir aprobar esta asignatura es...
3 Aprender a tocar un instrumento es muy...
4 El documental fue ..., aprendí un montón.

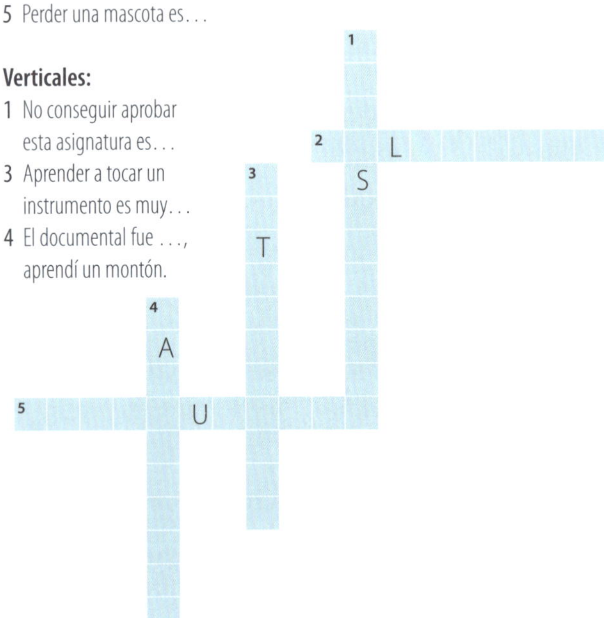

3 Elige el adjetivo correcto.

1 Valeria está un poco **deprimente / deprimida** porque se ha muerto su perro.
2 El festival de *rock* fue **fascinante / fascinado**. Disfruté mucho.
3 Estoy **sorprendida / sorprendente**. Al final aprobé el examen de arte.
4 El proyecto no salió como esperaba. Estoy muy **decepcionante / decepcionado**.
5 Lo que más me gustó del viaje a Estados Unidos fue el Cañón del Colorado. Es **impresionado / impresionante**.

4 Completa los adjetivos en las frases siguientes.

1 ¿Estás **i**.............................. en la música *reggae*? Tengo dos entradas para el concierto del sábado.
2 Mis amigos están **f**.............................. con las series americanas.
3 Viajar en globo es **e**............................... Tienes que probarlo.
4 Me ha gustado el libro, aunque el final es demasiado **s**.............................. para mi gusto.
5 Es **d**.............................. que no puedas venir de vacaciones con nosotros.

5 Completa las frases con tus propias ideas.

1 Fue fascinante ....
....
2 Estoy relajado/-a cuando ....
....
3 Mis padres están preocupados porque ....
....
4 Fue impresionante cuando ....
....
5 Estoy interesado/-a en ....
....
6 Mis amigos/-as están emocionados/-as porque ....
....
7 Fue sorprendente que ....
....

DESTREZAS

LEER

1 **Lee la descripción del festival de música Arenal Sound y contesta a las preguntas.**

El Arenal Sound, en Castellón, no es solo un festival, es una experiencia. Arenal Sound es poder bailar sobre la arena, bañarte en la playa privada y desaparecer entre la gente. Arenal Sound es contemplar atardeceres y descubrir los amaneceres más bonitos que recuerdes desde el Beach Club. Es convivir durante seis días en un *camping* a orillas del mar con los amigos de siempre y con los que vas conociendo. Arenal Sound es *indie, rock,* pop y electrónica.

Un festival que cada año reúne a más de 55 000 personas. Son seis días, en los que nos encontramos a grandísimos artistas internacionales de la vertiente *indie* y, alguno, de electrónica.

El día se reparte de la siguiente forma: de 14:00 a 17:00, fiesta en la piscina. Por la tarde, a las 18:45, comienzan los conciertos en el escenario principal, con grupos nacionales primero y luego bandas internacionales. Una vez bien entrada la noche, ya comienzan los dj´s hasta las 6:00 en el escenario principal y a las 09:00 en el escenario de la playa. En resumen, muchísima variedad, música para todos los gustos y horarios adaptados para todos los estilos.

1 ¿Dónde se celebra el Arenal Sound?

2 ¿Qué actividades puedes realizar?

3 ¿Dónde te puedes alojar?

4 ¿Qué tipo de música se puede escuchar?

5 ¿Cuántas personas asisten al festival?

6 ¿Hasta qué hora están los dj's?

ESCUCHAR

2 **(10) Escucha la entrevista que realizan a Javier y Myriam sobre el Festival Sónar. Indica si las siguientes afirmaciones son verdaderas (V) o falsas (F). Corrige las falsas.**

1 ☐ Javier y Myriam son dos barceloneses que están en el Festival Sónar.

2 ☐ El Sónar se celebra en Valencia.

3 ☐ Es la primera vez que han asistido al Festival.

4 ☐ A Javier le han gustado The Chemical Brothers.

5 ☐ Javier y Myriam se alojan en un hostal cerca del evento.

6 ☐ El Sónar dura cinco días.

3 **Escucha de nuevo la entrevista y contesta a las preguntas.**

1 ¿Qué opinión tiene Javier del Festival?

2 ¿Qué es lo que más le atrae a Myriam del Festival?

3 ¿De dónde es la gente que va al Festival?

4 ¿Qué tipo de grupos actúan en el Festival?

ESCRIBIR

4 **Describe un festival de música donde hayas estado o el estilo de música que más te gusta.**

7

¿Qué quieres ser?

VOCABULARIO

1 **Completa las siguientes profesiones con las vocales correctas.**

cantante | v_t_r_n_r__ | p_l_c__ | c_c_n_r_ | pr_f_s_r_ | f_nt_n_r_ | m_c_n_c_ | _l_ctr_c_st_ | m_d_c_ | _lb_ñ_l

2 **Relaciona las palabras del ejercicio 1 con las siguientes imágenes.**

3 **Escribe el femenino de las siguientes profesiones.**

1 actor ....
2 pianista ....
3 dependiente ....
4 informático ....
5 abogado ....
6 escritor ....
7 alcalde ....
8 modelo ....
9 juez ....
10 médico ....

4 Completa el crucigrama con distintas profesiones.

Horizontales:

1 La .... defendió al acusado.
2 Laura Gallego es la .... de *Memorias de Idhum*.
3 El .... preparó una paella deliciosa.
4 La nueva .... del grupo de pop La Oreja de Van Gogh se llama Leire Martínez.
5 Los .... que más me gustan son Brad Pitt y George Clooney.

Verticales:

6 El .... que me atendió en la tienda era muy simpático.
7 Las .... más famosas desfilan en las pasarelas de moda de París o Nueva York.
8 Los .... trabajaron mucho para terminar los pisos.

GRAMÁTICA

Cuando + presente de subjuntivo

1 Relaciona y forma frases. Más de una respuesta es posible.

1 ☐ Cuando termines la tarea, …
2 ☐ Cuando vaya a la playa, …
3 ☐ ¿Puedo ponerme tus pantalones nuevos de cuadros…
4 ☐ Cuando nieve, …
5 ☐ Cuando veas a María, …
6 ☐ Cuando llegue a casa, …
7 ☐ ¿Llamamos a Luis…
8 ☐ Cuando sea mayor, …

a … iremos a esquiar a Navacerrada.
b … no te olvides de darle este libro.
c … saldrás con tus amigos.
d … cuando lleguemos a casa?
e … viviré en el campo.
f … cuando vaya a la fiesta de cumpleaños de Ana?
g … haré un curso de buceo.
h … te llamaré por teléfono.

2 Lee y completa las instrucciones para jugar al *Monopoly*.

1 Cuando .... (empezar) el juego, todos los jugadores tendrán la misma cantidad de dinero.
2 Cuando .... (tocarte) el turno, tirarás el dado.
3 Cuando .... (caer / tú) en la casilla de la cárcel, perderás dos turnos.
4 Cuando .... (pasar / tú) por la salida, recibirás dinero de la banca.
5 Cuando .... (querer / tú) comprar propiedades, tendrás que caer en una casilla vacía.
6 Cuando .... (coger / tú) una carta de la suerte, tendrás que leerla en voz alta.
7 Cuando .... (perder / tú) tu dinero, podrás vender tus propiedades.
8 Cuando todos los jugadores menos uno .... (quedarse) sin dinero, se acabará el juego.

3 Escribe el futuro de los siguientes verbos.

1 salir (tú) ....
2 hacer (él) ....
3 tener (nosotros) ....
4 poder (ellos) ....
5 vivir (vosotros) ....
6 ir (yo) ....
7 llamar (ella) ....
8 tirar (usted) ....
9 perder (tú) ....
10 recibir (nosotras) ....
11 acabar (ellas) ....
12 necesitar (ustedes) ....

Cuando + indicativo / subjuntivo

4 **Elige la forma correcta.**

1 Cuando **termino / termine** de leer *Crepúsculo*, me compraré *Luna nueva*.
2 Cuando **acaba / acabe** la película, cenaremos.
3 Cuando **vas / vayas** a trabajar, tendrás que levantarte más temprano.
4 Cuando **estuvimos / estemos** en Córdoba, visitamos La Mezquita.
5 Cuando **llegas / llegues** a Madrid, iré a buscarte al aeropuerto.
6 ¿Qué te dijo tu madre cuando **perdiste / perderás** el móvil?
7 Todos los días, cuando **va / vaya** a trabajar, toma un café en esa cafetería.
8 Cuando **llegue / llegó** su hermano, el concierto había empezado.
9 Siempre me llamas cuando **esté / estoy** en clase.
10 Apagaré el ordenador cuando **escriba / escribo** este correo.
11 ¿Qué haces cuando **tienes / tengas** vacaciones?
12 Cuando **vayas / vas** a un *casting*, tienes que ir preparado.
13 Os hicieron muchas fotos cuando **ganáis / ganasteis** la copa de baloncesto.
14 Os invitaré a cenar en un restaurante japonés cuando **apruebo / apruebe** el carné de conducir.

5 **Completa la conversación con la forma correcta del verbo entre paréntesis.**

Inés: ¿Qué *hacías* (hacer) cuando [1] .... (ir) de campamento?
Jorge: Cuando yo [2] .... (ser) pequeño, [3] .... (ir) de campamento a la montaña. Cuando [4] .... (hacer) buen tiempo, nosotros [5] .... (nadar) en la piscina, [6] .... (montar) a caballo y [7] .... (hacer) muchas actividades de aventura. Cuando [8] .... (llover), [9] .... (jugar) al ajedrez o a juegos de mesa.
Inés: ¿Te gustaba la comida?
Jorge: No mucho, y cuando [10] .... (tener) hambre, [11] .... (comprar) golosinas en la cafetería del albergue.
Inés: ¿Qué haces ahora cuando estás de vacaciones?
Jorge: Cuando [12] .... (estar) de vacaciones, [13] .... (ir) con mis amigos a la playa y [14] .... (practicar) deportes acuáticos, pero el próximo verano, cuando [15] .... (terminar) los exámenes, [16] .... (recorrer) Europa en tren.

Obligación y necesidad

6 **Completa las frases con *hay que* o *tengo / tienes / tiene ... que*.**

Para conseguir amigos *hay que* hablar con la gente.

1 No puedo salir con vosotros el sábado porque .... ir a casa de mis tíos.
2 Juan, ... preparar tu maleta.
3 Después de comer, ... lavarse los dientes.
4 Irene me ha dicho que esta tarde .... estudiar historia.
5 Si queremos ganar el partido, ... jugar mejor.
6 Antes de empezar a escribir, ... leer todas las preguntas.
7 Si quieres ir a ver a Mayumana, ... comprar las entradas ya.
8 George .... pasar un año en Valladolid para aprender español.
9 Yo no .... llevar uniforme en mi instituto.

7 **Piensa en las obligaciones que tienes que cumplir hoy después de clase y escribe frases.**

Tengo que hacer los deberes antes de las ocho de la tarde.

1 ....
2 ....
3 ....
4 ....
5 ....
6 ....
7 ....

8 **Escribe ocho frases usando las frases o palabras de cada una de las columnas.**

Yo Tú Mi madre	tiene que tengo que tienes que no tiene que no tengo que no tienes que	ir al colegio trabajar en una oficina tener 18 años para votar hacer exámenes cocinar todos los días ordenar tu dormitorio

1 Yo ...
2 Tú ...
3 Mi madre ...
4 Yo ...
5 Tú ...
6 Mi madre ...
7 Yo ...
8 Mi madre ...

9 **En cada una de las frases siguientes hay un error. Corrígelo.**

1 Cuando yo soy pequeño, pasaba las vacaciones en el pueblo.

2 Cuando haces los deberes, podrás escuchar música.

3 ¿Siempre cierras el grifo cuando te laves los dientes?

4 Nosotros hay que esforzarse más para aprobar todos los exámenes.

5 Si quieres hablar bien un idioma, tiene que vivir una temporada en el país nativo.

6 Cuando tengo trabajo, me compraré un coche nuevo.

7 Mi tío hay que aprender chino. El verano que viene trabajará en Pekín.

8 Cuando estamos en el instituto, escribíamos en la revista.

10 **Traduce las siguientes frases a tu idioma.**

1 Cuando llegaba tarde a casa, mi madre me echaba una bronca.

2 Cuando mi hermano sea mayor, estudiará Medicina.

3 Tenemos que levantarnos más pronto.

4 Para ser arquitecto, hay que dibujar muy bien.

5 Cuando el mecánico arregle el coche, nos iremos de vacaciones.

6 Te llamaré por teléfono cuando llegue a Valencia.

7 Manuel tiene que buscar información sobre Picasso.

8 Cuando vivíamos en Londres, cenábamos a las siete de la tarde.

COMUNICACIÓN

1 Mira las fotos de los anuncios de trabajo. Usa las siguientes palabras para completar los textos.

musical • arquitecto • taller • cocinero/-a • experiencia • amable • por las mañanas • bailarines
estudio • mecánicos • por las tardes • 666 12 54 56 • imaginación • dependienta

1

¿BUSCAS TRABAJO?
Necesitamos .... para el .... *La Bella y la Bestia*. Llámanos al ....

2

NECESITAMOS chica joven y .... para trabajar .... como .... en una tienda.

3

BUSCAMOS .... para .... de coches. Llamar ...., de 10 a 14 horas.

4

JOVEN DE 27 AÑOS, ..., se ofrece para trabajar en el .... de una constructora.

5

SE NECESITA .... con .... e .... para preparar nuevos platos.

2 Lee el diálogo y complétalo con las siguientes palabras.

porque se • ¿Y a ti? • Qué te gustaría ser • ¿Por qué? • tienes que ser • a mí me gustaría ser • sociable y responsable

Ismael: ¿[1] .... cuando acabes los estudios?
Leticia: Bueno, [2] .... periodista.
Ismael: [3] ....
Leticia: Porque me gusta escribir, leer y, sobre todo, viajar, y creo que soy bastante [4] .... [5] ....
Ismael: A mí me gustaría ser informático [6] .... gana bastante dinero y puedes crear juegos de ordenador.
Leticia: Pues para ser informático, [7] .... creativo y ambicioso.

3 (11) **Escucha y practica el diálogo con tu compañero.**

4 Prepara un diálogo con tu compañero como el del ejercicio 2.

COMUNICACIÓN Y VOCABULARIO

1 **Busca en la sopa de letras ocho sectores profesionales.**

D	V	X	C	H	Q	X	P	P	S	C	E	L	P	E
C	E	S	Z	O	P	J	S	D	G	A	M	C	J	G
G	O	B	D	V	M	A	U	X	T	Y	L	A	P	Ñ
H	O	N	M	Z	L	U	U	S	G	S	C	U	V	Y
H	H	D	S	N	O	N	N	A	T	I	N	R	D	T
Z	O	S	F	T	Q	E	R	I	T	I	A	C	U	M
H	S	B	D	L	R	U	D	Á	C	P	C	K	L	N
F	T	B	E	J	T	U	M	U	J	A	C	I	Z	G
S	E	L	U	L	K	R	C	M	C	G	C	N	A	Z
O	L	A	U	J	O	K	W	C	L	A	Z	I	I	Ñ
R	E	C	K	F	X	W	O	P	I	P	C	I	Ó	C
F	R	C	N	W	P	L	N	O	H	Ó	S	I	U	N
A	Í	I	S	X	U	V	X	L	R	L	N	K	Ó	V
H	A	Y	J	H	Y	J	E	C	Z	T	K	F	Z	N
T	I	V	H	F	I	X	T	S	W	S	D	Z	I	P

2 **Tacha la profesión que está fuera de contexto en cada grupo de palabras e indica el sector profesional al que pertenecen.**

1 enfermera / profesora / médico ....
2 cirujano / camarero / cocinero ....
3 juez / abogado / cantante ....
4 albañil / veterinario / fontanero ....
5 actriz / periodista / reportero ....
6 profesor / maestro / dependiente ....
7 escultor / alcaldesa / pianista ....
8 recepcionista / programador / diseñador videojuegos ....

3 **Clasifica los siguientes lugares con su sector profesional.**

televisión • hotel • cine • centro comercial • tribunal • universidad • hospital • museo • restaurante • radio • colegio • juzgados • teatro • cafetería • supermercado • clínica dental

	HOSTELERÍA
	EDUCACIÓN
	COMERCIO
	COMUNICACIÓN
	SALUD
	CULTURA
	JUSTICIA

4 **Completa los anuncios de trabajo con el sector correspondiente.**

1 Si te gusta trabajar en el sector de la ...., el periódico local necesita un reportero. Por favor, envíanos tu currículum y algún artículo publicado.

2 El Nuevo Hotel Central necesita recepcionista que hable español, inglés y francés. Solo para candidatos con experiencia previa en ....

3 ....: se necesita profesor de historia para empezar a trabajar en septiembre.

4 ....: se necesitan trompetistas para la banda municipal.

5 Hemos abierto una nueva tienda en el barrio. Si quieres entrar en el sector del ...., tienes una oportunidad de trabajar con nosotros.

DESTREZAS

LEER

1 **Lee el siguiente texto y contesta a las preguntas.**

Charlotte quiere ser voluntaria

He decidido irme de voluntaria a una misión humanitaria. Ya hace mucho que pienso en la posibilidad de dedicar parte de mi tiempo a los pobres. Necesito una pausa en mi vida de estudiante: encontrar mi propio camino y saber elegir no es tan fácil. Por eso quiero abrirme al mundo, tomarme mi tiempo, encontrarme sola en un país al que nada me une, y ser útil, prestar ayuda humanitaria. Me gustaría trabajar con niños, me encanta su alegría de vivir.

He encontrado una asociación que ofrece una misión de unos meses para atender a los niños de la calle en Madagascar. Tengo que pagármelo todo: billete de avión, alojamiento... Suerte que he ido ahorrando. Antes de partir, tengo miles de cosas que hacer: papeles, vacunas, leer guías...

Estoy deseando que empiece todo. Mi trabajo va a consistir en darles clase de francés, jugar con ellos, ser atenta y mejorar su difícil vida cotidiana.

1 ¿Qué ha decidido hacer Charlotte? ¿Por qué?

2 ¿Con quién le gustaría trabajar?

3 ¿Dónde va a ir?

4 ¿Qué tiene que pagar Charlotte?

5 ¿Qué preparativos tiene que hacer?

6 ¿En qué va a consistir su trabajo?

ESCRIBIR

2 **Mira este anuncio y ordena los siguientes párrafos para formar una carta.**

a ☐ Muy Señores míos:

b ☐ se despide atentamente,

c [1] Santander, 30 de abril

d ☐ Tengo diecisiete años y soy sociable y trabajador. Me encantan los deportes, especialmente nadar y hacer surf. Algún día quiero ser profesor.

e ☐ A la espera de recibir sus noticias,

f ☐ También me gustaría saber si tengo que pagarme el billete de avión y las fechas del período de trabajo, ya que en septiembre tengo que empezar el instituto en España.

g ☐ Jacobo Martínez

h ☐ Me dirijo a ustedes con la intención de solicitar información sobre la oferta de trabajo como monitor en el campamento de verano de Isla Margarita.

3 **Imagina cuál sería el trabajo de verano perfecto para ti. Escribe una carta formal pidiendo información. Usa como modelo la carta del ejercicio 2.**

8

¡Vacaciones de verano!

VOCABULARIO

1 Completa el crucigrama con el material de playa y montaña.

Horizontales:

1 En el campamento mi amigo Pedro y yo compartíamos la misma ………………… de campaña.

2 Mis padres me han regalado una ………………… digital.

3 Siempre tienes que llevar una ………………… para orientarte por el monte.

4 Cuando voy de *camping*, llevo mi ropa en una …………………

5 Cuando viajas en avión, no puedes llevar una ………………… de más de diez kilos.

6 Nunca pasarás frío por la noche en la montaña si utilizas un buen ………………… de dormir.

Verticales:

7 Siempre tienes que usar ………………… para proteger tu piel del sol.

8 No te olvides la ………………… cuando vayas a la playa.

9 En la playa había un concurso de castillos de …………………

10 La linterna no funcionaba porque no tenía …………………

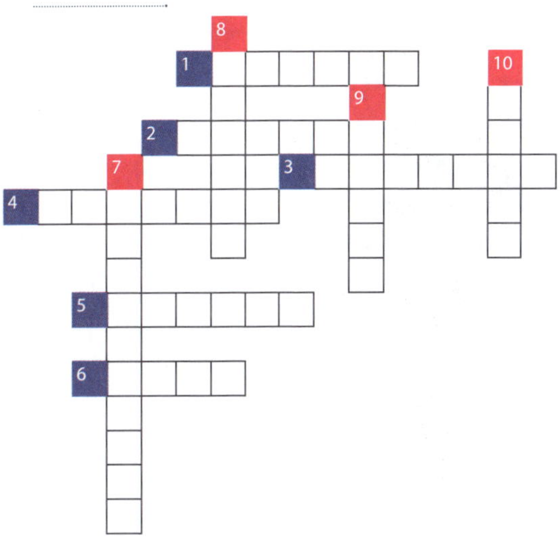

2 Completa el texto con las siguientes palabras.

arena • tienda de campaña • repelente de insectos
vacaciones • saco de dormir • sombrilla • montañas • cámara
playa • crema solar • bosques • brújula

Hotel *GRAN SOL*

Si estás buscando cómo pasar unas [1] ………………… relajantes y librarte del estrés acumulado, ven al Hotel Gran Sol, en la Costa Brava, al noreste de España. Situado junto a una [2] ………………… de fina [3] ………………… y cerca de altas [4] ………………… cubiertas de [5] ………………… de pinos, donde podrás hacer excursiones, incluso de más de un día. El hotel te presta una [6] ………………… y un [7] ………………… para poder dormir en la montaña.

Si, finalmente, decides alojarte en nuestro hotel, no olvides tu [8] ………………… de fotos, la [9] ………………… para sentarte a la sombra en la playa, ni por supuesto la [10] ………………… para no quemarte la piel. Si tienes pensado hacer alguna excursión por la montaña, es aconsejable tener una [11] ………………… para no perderte, así como [12] ………………… para evitar las picaduras de mosquitos.

¡Te esperamos el próximo verano!

GRAMÁTICA

Es + adjetivo + *(que)* + infinitivo / subjuntivo

1 Completa las frases con la forma correcta.

1 Es probable que Ana .... de casa el año que viene.
a cambie b cambiar

2 Es necesario .... antes de los exámenes.
a estudies b estudiar

3 Es obligatorio .... a todas las preguntas para poder aprobar.
a respondas b responder

4 Hoy es tu cumpleaños. Es normal que tus amigos .... hacerte un regalo.
a quieran b querer

5 Es mejor .... en metro que en coche. Se llega antes.
a vayas b ir

6 Juan está en Barcelona. Es imposible que .... a la fiesta.
a venga b venir

7 Es estupendo que .... pronto. Así podrás venir con nosotros a la fiesta.
a salgas b salir

8 El accidente ha sucedido esta mañana. Es probable que lo .... en las noticias de esta noche.
a cuenten b contar

9 Es imposible que no lo .... Estudia en el mismo instituto que tú.
a conozcas b conocer

10 Es importante .... a clase todos los días para aprobar el curso.
a asistas b asistir

11 Es conveniente que .... los billetes para Rio de Janeiro con tiempo.
a reservar b reservemos

12 Si eres europeo, no es necesario .... el pasaporte para viajar a Francia.
a llevar b llevemos

2 Completa las frases con la forma correcta de los siguientes verbos.

conducir • apagar • resolver • llevar • pensar
acompañar • venir • llover • hablar • asistir • estar

1 Es imposible .... este problema. ¿Me lo puedes explicar?
2 Está nublado. Es probable que .... esta tarde.
3 No voy a alquilar un coche en Gran Bretaña porque no es fácil .... por la izquierda.
4 No es obligatorio .... a la reunión del martes.
5 No es necesario que nos .... (usted). Sabemos dónde está la salida.
6 ¿No crees que es importante .... antes de ....?
7 Recuerda que es obligatorio que .... (tú) el móvil antes de que empiece la película.
8 Lo más probable es que Alicia .... conmigo al concierto. Tengo dos entradas.
9 Es mejor .... solo que mal acompañado.
10 Está lloviendo. Es mejor que .... (tú) el paraguas.

3 Completa el correo con las formas correctas de los siguientes verbos.

acompañar • coger • tener • venir • llegar

Mensaje nuevo

¡Hola, Ángel!

Es estupendo que [1] .... la semana que viene. Te tengo preparadas un montón de actividades. Es mejor que [2] .... el avión del lunes, aunque si no has comprado aún el billete, es probable que [3] .... problemas. De todas maneras, también es fácil [4] .... en coche. ¿Es imposible que te [5] .... tu hermana? Ya sabes que a mí me gustaría.

Luis

Enviar

4 Vuelve a escribir las frases, como en el ejemplo.

Tienes que ir al dentista al menos una vez al año.
Es importante que *vayas al dentista al menos una vez al año.*

1 Tenéis que hacer estos ejercicios para aprobar el examen.
Es obligatorio que ....

2 Tengo que coger el tren de las 8 si no quiero llegar tarde.
Es mejor que ....

3 No tenéis que llevar las sábanas. Se pueden alquilar en el albergue.
No es obligatorio que ....

4 Hay que comprar las entradas unos días antes del concierto.
Es aconsejable que (tú) ....

5 Tenemos que viajar a España para practicar el español.
Es importante que ....

6 Tienes que traer comida para los gatos porque no queda.
Es necesario que ....

7 Tienen que visitar la Sagrada Familia si van a Barcelona.
Es recomendable que ....

5 Tus compañeros y tú vais a organizar una fiesta en el instituto. El director os ha dado las siguientes instrucciones. Formad frases relacionando las tres columnas.

1 Es importante…	… limpiar…	... alumnos de otros institutos.
2 No es conveniente…	… surgir…	... algún problema. En ese caso, llamad a los conserjes.
3 Es necesario…	… venir…	... un profesor responsable de la actividad.
4 No es difícil…	… traer…	... después de la fiesta.
5 Es obligatorio…	… haber…	... vuestros propios CD.

1 *Es importante que haya un profesor responsable de la actividad.*
2 ....
3 ....
4 ....
5 ....

Uso de la preposición *a*

6 Completa las frases con la preposición *a* cuando sea necesario.

1 He visto .... tu profesora de matemáticas en la biblioteca.
2 Tengo que pedirle .... la bibliotecaria un nuevo carné para la biblioteca.
3 ¿Has metido .... tu ropa en la maleta?
4 Todavía no le he comprado el regalo de cumpleaños .... Sara.
5 ¿Habéis visitado .... alguna ciudad española este año?
6 ¿Conoces .... los hermanos de Pedro? Son muy simpáticos.
7 ¿Has enviado .... un correo .... Juan?
8 ¿Para qué necesitas .... un electricista?
9 ¿Has oído .... las noticias en la radio esta mañana?
10 He llamado por teléfono .... tu hermano para preguntarle dónde estabas.

7 Completa las frases con las siguientes expresiones.

a menos de 1 € • a la piscina • a -8 ºC • a las 2:30
a la izquierda • a pocos kilómetros • a oscuras
a la cima • a 14 de abril • a dieta

1 El tren llega ....
2 • ¿A dónde vais?
▪ Vamos ...., a bañarnos.
3 Hoy estamos ....
4 Mis padres están ...., por eso no pueden comer *pizzas*.
5 Hoy hace mucho frío. En la montaña están ....
6 Los astronautas van a aterrizar pronto. Están .... de la Tierra.
7 Se acabaron las pilas de la linterna y nos quedamos ....
8 Gira .... y llegaremos a la plaza.
9 El precio de la gasolina ha bajado. Hoy estaba ....
10 Cuando lleguéis .... de la montaña, poned la bandera de vuestro país.

8 Corrige los errores. Dos frases son correctas.

1 No es normal que llegan tan tarde.
....
2 Es muy importante hagas los deberes.
....
3 Mis padres no les han gustado nada las notas de mis exámenes.
....
4 No es necesario que vosotros traer agua. Hay muchas fuentes.
....
5 Estamos a pocos kilómetros de Valencia.
....
6 Es obligatorio llevar linternas.
....
7 ¿Tú crees que es necesario que reservamos el hotel antes de ir de vacaciones?
....
8 No he visto a la televisión en toda la semana.
....
9 Tenemos que invitar todos los compañeros a nuestra fiesta.
....
10 ¿Venís acampar con nosotros?
....

COMUNICACIÓN

1 **Lee la información sobre el País Vasco. ¿Son verdaderas (V) o falsas (F) las afirmaciones?**

¡VEN A CONOCER El País Vasco!

Pasarás unas vacaciones inolvidables. Disfrutarás del arte más vanguardista, de las mejores playas de España y, sin duda, de una gastronomía de fama internacional visitando sus ciudades más importantes.

Museo Guggenheim, Bilbao

Playa de La Concha, San Sebastián

Parque de San Martín, Vitoria

Bilbao

Donde además de la ciudad antigua, conocida como el «casco viejo», es imprescindible visitar su joya arquitectónica y artística, el Museo Guggenheim, obra del arquitecto Frank Gehry. ¡Y no te vayas sin montar en el metro! Es supermoderno, diseñado por Foster.

San Sebastián

Todo el conjunto arquitectónico del centro de la ciudad es impresionante, destacando las enormes cristaleras que decoran sus fachadas. Su paseo de seis kilómetros al lado de las olas del Cantábrico por las playas de La Concha resulta inolvidable. ¡Y, por supuesto, prueba los mejores pinchos y tapas de toda España!

Vitoria

Sede del gobierno vasco, con una catedral que ha inspirado a importantes escritores como Saramago, Coelho y Follet. Premiada como la ciudad europea con más zonas verdes, también llamada «ciudad-bosque», con árboles por todas partes. Su famosa calle de La Cuchillería, llena de discotecas y restaurantes, es el punto de reunión de jóvenes y mayores.

1 ☐ El «casco viejo» es la parte más antigua de la ciudad de Bilbao.
2 ☐ El Museo Guggenheim y el metro son dos importantes muestras del arte vanguardista en Bilbao.
3 ☐ El metro de Bilbao fue diseñado por Frank Gehry.
4 ☐ San Sebastián está a orillas del mar Mediterráneo.
5 ☐ En San Sebastián se pueden probar algunas de las mejores muestras de la gastronomía española.
6 ☐ Importantes obras literarias se desarrollan en la catedral de Vitoria.
7 ☐ El clima de la ciudad de Vitoria ofrece un paisaje desértico.
8 ☐ La calle de La Cuchillería está llena de tiendas y museos.

2 **Completa la conversación con las siguientes frases.**

No te gustaría • yo prefiero • por qué no quieres
A mí me gustaría • A mí me apetecen

David: ¿Quieres que vayamos de vacaciones al País Vasco este verano?
Sara: [1] .... ir a la playa. ¿Hay playas en el País Vasco?
David: ¡Claro que hay playas! Pero [2] .... visitar sus ciudades y sus museos.
Sara: ¿Pero [3] .... ir a la playa?
David: Podemos hacer las dos cosas. [4] .... más unas vacaciones culturales, pero hay tiempo para todo.
Sara: ¿[5] .... pasar unos días en la montaña?
David: Por supuesto que sí. El País Vasco ofrece todas las posibilidades: arte, mar y montaña.

3 (12) **Escucha y comprueba. Después, practica con tu compañero.**

COMUNICACIÓN Y VOCABULARIO

1 Completa el crucigrama con verbos relacionados con las vacaciones.

Horizontales:

3 Vivir temporalmente en otro sitio, en un hotel o una vivienda que no es tuya.
5 Separarse de la superficie, iniciar el vuelo.
7 Descender, posarse sobre la superficie de la tierra.
8 Establecer el plan para desarrollar una actividad.

Verticales:

1 Ir de un lugar a otro.
2 Calcular el precio total de una actividad.
4 Encargar algo con antelación.
6 Ir a algún lugar para conocerlo.

2 Elige la palabra correcta.

1 El verano pasado mis amigos y yo **planificamos / alquilamos** un apartamento en la playa.

2 Cuando mis padres fueron a Salamanca, **se alojaron / reservaron** en un hotel con encanto.

3 Este año tenemos una semana para **recorrer / regresar** la Costa Brava.

4 ¿Cuándo vamos a **visitar / planificar** el viaje de fin de curso?

5 Si queréis ir a ver el musical *El Rey León*, tenéis que **alquilar / reservar** las entradas por internet.

6 A mí me encantaría **visitar / presupuestar** la ciudad de Praga. Me han dicho que es muy bonita.

7 Leo y Ana tuvieron que **recorrer / regresar** de Lisboa porque tenían que examinarse.

8 Lo que más miedo me da en el avión es cuando va a **despegar / aterrizar**. Al principio del vuelo estoy realmente nerviosa.

3 Lee el siguiente folleto y completa los huecos con las palabras adecuadas.

7 noches

Puede [1] **r**__________ desde el 15 de febrero y [2] **a**__________ en los mejores hoteles de 4 y 5 estrellas para disfrutar de un magnífico ambiente de relax. Le ofrecemos la posibilidad de [3] **a**__________ un coche con conductor para admirar los vestigios arqueológicos del pueblo Maya y [4] **v**__________ la sorprendente playa del Carmen.

En Mundoviaje le ayudamos a [5] **p**__________ su viaje, para que le salga más económico.

¡Estamos seguros de que querrá [6] **r**__________!

4 Completa el diálogo con las siguientes palabras.

despegar • visitar • alquilar • reservar • regresar • alojamiento
recorrer • aterrizar • planificar • presupuestar

Rafa: ¿Has pensado ya en (1) .... las vacaciones del próximo verano? Ya sabes que luego se nos echa el tiempo encima.

Elena: Hombre, lo único que tengo claro es que me gustaría ir a Italia para (2) .... toda la Toscana.

Rafa: Me parece muy buena idea. Me han dicho que es una zona muy bonita. ¿Iríamos en coche o en avión? Ya sabes que no me gusta volar, me da miedo (3) .... y (4) ....

Elena: Pues tendrás que tomarte algún tranquilizante, porque el viaje en coche resulta muy largo y es más caro.

Rafa: Está bien. Encárgate tú de (5) .... los billetes y yo me ocupo del (6) .... Por cierto, ¿cuánto dinero nos podemos gastar?

Elena: No nos podemos gastar más de 1500 euros entre los dos.

Rafa: Con esto ya podemos (7) .... el viaje, pero tendremos que elegir hoteles baratos.

Elena: Por otro lado, si queremos (8) .... diferentes pueblos y ciudades, necesitamos (9) .... un coche.

Rafa: Vaya, no me había dado cuenta. Esto nos va a obligar a (10) .... antes de lo previsto.

Elena: Bueno, ya veremos lo que se puede hacer.

DESTREZAS

LEER

1 Lee el texto.

Unas vacaciones de VÉRTIGO

¿Qué quieres hacer en vacaciones? A algunos les gusta relajarse en la playa, mientras que otros prefieren conocer sitios nuevos o pasar su tiempo libre haciendo deporte. Pero para algunas personas todo esto sería muy aburrido. Cada vez a más gente le apetecen unas vacaciones más emocionantes. Y si lo que tú quieres es emoción de verdad, ven a PortAventura.

- Lánzate en caída libre desde el Hurakan Condor, la atracción más alta del mundo con 100 m de altura.
- Disfruta con la Kon-Tiki Wave, barco que se balancea hasta ponerse perpendicular al suelo.
- Monta en el Furius Baco, atracción inaugurada en 2007 por el piloto de motos italiano Valentino Rossi. En ella experimentarás una aceleración de 0 a 135 km/h en tan solo 3,5 segundos.
- Súbete al Dragon Khan, la montaña rusa que alcanza una velocidad de 110 km/h. Con sus brillantes colores rojo y blanco ha sido el emblema del Parque desde su inauguración.
- Monta en los coches de choque Wild Buffalos y... disfruta de mil cosas más: espectáculos, animaciones, restaurantes, hoteles... ¡Todo a tu disposición para que pases unas vacaciones de vértigo!

2 Elige la opción correcta.

1 Durante las vacaciones mucha gente quiere relajarse, conocer sitios nuevos o hacer deporte, pero a otras personas les apetece:
- a ☐ conocer a gente divertida.
- b ☐ visitar museos y exposiciones.
- c ☐ tener experiencias emocionantes.

2 Si vas a PortAventura podrás:
- a ☐ montar en moto con Valentino Rossi.
- b ☐ montar en la atracción que inauguró Valentino Rossi.
- c ☐ conocer a Valentino Rossi.

3 La atracción Dragon Khan es:
- a ☐ la atracción más emblemática del parque.
- b ☐ la atracción más alta del parque.
- c ☐ la atracción más rápida del parque.

4 Que tus vacaciones serán de vértigo quiere decir:
- a ☐ que serán muy diferentes.
- b ☐ que serán muy relajantes.
- c ☐ que experimentarás sensaciones físicas muy fuertes.

ESCUCHAR

3 (13) Escucha y completa.

1 PortAventura estará cerrado desde el 6 de enero hasta el ....

2 En esta temporada ha recibido .... de visitas.

3 Las visitas internacionales han crecido un ....

4 En el caso del mercado español, han aumentado las visitas procedentes de Cataluña, ... y ....

5 Durante la nueva temporada la oferta de ocio se complementará con ....

ESCRIBIR

4 Imagina que estás de vacaciones en PortAventura. Escribe un correo a un amigo contándole qué tal te lo estás pasando, en qué atracciones estás montando, de qué otras actividades estás disfrutando…

9

Hecho en España

VOCABULARIO

1 **Mira las fotografías y escribe los nombres.**

2 **Relaciona estas definiciones con las palabras del ejercicio 1.**

1 Tiene seis cuerdas y es la base de la música flamenca. ....

2 Arroz, marisco, verduras y aceite de oliva son los ingredientes de este delicioso plato. ....

3 Normalmente, está fabricado con jugadores de madera y una pelota de corcho. Con él podrás jugar en casa al deporte más popular del mundo. ....

4 Te permite dejar los suelos de tu casa limpios y brillantes sin necesidad de arrodillarte. ....

5 Invento que dio lugar al helicóptero. ....

6 Muchas familias españolas lo utilizaron para viajar en los años 60 y 70. ....

7 Lo necesitarás si quieres beber agua fresca en el campo en un día de verano. ....

8 Gracias a su palo, puedes saborear este caramelo sin mancharte los dedos. ....

GRAMÁTICA

Oraciones finales

1 **Elige la forma correcta.**

1 Para **ir / que vayas** a Barcelona puedes coger este tren.
2 Te lo he dicho para **saber / que sepas** lo que ocurrió.
3 Buenos días, llamo para **preguntar / que pregunte** a qué hora empieza el concierto.
4 ¿Para qué **quieres / quieras** que vaya a tu casa?
5 Abre la ventana para **entrar / que entre** el aire fresco.
6 Me he comprado este bañador para **ir / que vaya** a la piscina.
7 Para **estar / que estés** en forma tenemos que hacer deporte.
8 ¿No sabéis para **servir / qué sirve** un botijo?
9 Julián ha llamado varias veces esta tarde para **quedar / que quede** contigo.
10 • ¿Para qué **hablar / has hablado** con la profesora?
▪ Para que me **enseñe / enseña** el examen.

2 **Completa las frases con *para, para que* o *para qué* y la forma correcta de los siguientes verbos.**

hacer • llamar • aprobar • invitar • comprar
no enfadarse • preguntar • estar • devolver
querer • necesitar • encender • venir

1 Tiene que estudiar muchas horas .... los exámenes.
2 Si no te gusta el teatro, ¿..................?
3 • ¿.................. el arroz?
▪ .... una paella.
4 • ¿Qué haces .... en forma?
▪ Como siempre comida sana y hago mucho deporte.
5 Estoy ahorrando dinero .... una bicicleta.
6 No sé .... (tú) la luz. Aún hace sol.
7 Tienes que ir a la biblioteca .... el libro que te prestaron la semana pasada.
8 • ¿.................. Lorena por teléfono ayer?
▪ .... por la fecha del examen.
9 No se lo voy a decir ....
10 • ¿.................. Paloma mi teléfono?
▪ .... (a ti) a su fiesta de cumpleaños.

3 **Reescribe las frases, como en el ejemplo.**

Elena se ha comprado un archivador. Tiene que organizar los apuntes.

Elena se ha comprado un archivador para organizar los apuntes.

1 Tenemos que llamar por teléfono. Hay que comprar las entradas para el concierto.
....
....
2 ¿Has llamado a Miguel? Tiene que venir a la reunión.
....
3 Pídele los apuntes a tu hermano. Tenemos que estudiar para el examen del martes.
....
....
4 El médico te ha mandado unos antibióticos. Tienes que tomártelos.
....
....
5 ¡Habla más alto! Quiero oír lo que dices.
....
6 Papá, tienes que darme dinero. Tengo que comprarme unos pantalones.
....
....
7 Quiero aprobar todo en junio. Pienso irme de vacaciones a la playa.
....
....
8 ¿Has avisado a Joaquín? Tiene que jugar el partido de mañana con nosotros.
....
....
9 Mis padres y yo queremos ir a Galicia. Nos gusta mucho comer marisco.
....
....
10 Solo quedan siete días de clase. Nos van a dar las vacaciones.
....
....

Contrarios

4 **Clasifica los siguientes adjetivos por su significado: positivo, negativo o ni positivo ni negativo.**

desordenado • ~~imaginativo~~ • ~~insano~~
descontaminado • ~~inmejorable~~ • ilusionado • increíble
descansado • inmaduro • insensato • desactivado
insolidario • impermeable • desgraciado
impopular • desarrollado • deseable • imprudente
incorrecto • desierto • incómodo

Positivo	Negativo	Ni positivo ni negativo
inmejorable	*insano*	*imaginativo*

5 **¿Cuáles de los adjetivos del ejercicio anterior son derivados, es decir, tienen prefijo *in-*, *im-*, *i-* o *des-*?**

desordenado *sí es derivado (des-)*
1 imaginativo ....
2 insano ....
3 descontaminado ....
4 inmejorable ....
5 ilusionado ....
6 increíble ....
7 descansado ....
8 inmaduro ....
9 insensato ....
10 desactivado ....
11 insolidario ....
12 impermeable ....
13 desgraciado ....
14 impopular ....
15 desarrollado ....
16 deseable ....
17 imprudente ....
18 incorrecto ....
19 desierto ....
20 incómodo ....

6 **Forma el contrario de los siguientes adjetivos, utilizando los prefijos *in-*, *im-*, *i-* o *ir-*.**

1 sensible ....
2 responsable ....
3 legal ....
4 tolerante ....
5 paciente ....
6 feliz ....

7 **Completa las frases con los contrarios del ejercicio 6.**

1 Esta fiesta es ...., no se puede hacer.
2 Carlos es .... a las alabanzas.
3 A la gente que es .... no le gustan las costumbres diferentes a las suyas.
4 Mi hermana es muy ...., no le gusta esperar.
5 Eres un ...., no haces los deberes ni estudias para los exámenes.
6 Hay muchos niños .... en el mundo que no tienen familia.

8 **Completa las frases con la forma correcta de uno de los contrarios de los siguientes verbos, usando el prefijo *des-*.**

conectar • aparecer • ordenar • embarcar • colgar

1 Cuando vienen mis primos a casa, ... mi habitación.
2 A final del curso tenemos que .... los cuadros de las paredes de la clase.
3 .... el ordenador antes de irte a la cama.
4 Muchas especies animales .... por culpa del hombre.
5 Cristóbal Colón .... en América.

Pronombres personales de sujeto, objeto directo y objeto indirecto

9 Sustituye lo subrayado por un pronombre.

Andrés compró un ordenador nuevo a su hijo.
Andrés le compró un ordenador nuevo.

1 La profesora explicó las dudas a los alumnos.

2 He invitado a Marisa a mi fiesta.

3 Ana y yo iremos al concierto.

4 Mis abuelos han regalado una bicicleta a mi primo.

5 ¿(A vosotros) Dieron las gracias?

6 Sus amigos han sacado mejores notas que Pedro.

7 Mis tíos compraron para mí un juego de ordenador.

8 Trae a Ángela un café.

10 Imagina qué pueden representar los pronombres de las siguientes frases.

Dáselo.
Da a María el lapicero.
Da a Pedro el mensaje.

1 Cuéntamela hoy por favor.

2 Espéralo en la estación de autobuses.

3 Pídeselos para mañana.

4 Déjanosla aquí.

5 Tráemelo.

11 Sustituye los nombres por los pronombres correspondientes. Escribe las dos posibilidades cuando sea posible.

Tienes que cuidar a tu hermano.
Tienes que cuidarlo.
Lo tienes que cuidar.

1 No me cuentes la película.

2 Pide los apuntes a tu compañero.

3 Estoy buscando las llaves.

4 Tenemos que ayudar a sobrevivir a los animales en peligro de extinción.

5 Estamos esperando a Tomás.

12 Corrige los errores.

1 Yo creo que hasta ti puedes jugar bien al tenis.

2 Eso le sabe hacer cualquiera.

3 Se los estropeó el coche a mis padres.

4 Dámelo a yo.

5 Están sonriendo. Hazlos una foto.

COMUNICACIÓN

1 **Lee los anuncios del tablón de información y contesta a las preguntas.**

1 ¿En qué taller vas a desarrollar más tu capacidad de expresión oral?

....

2 ¿Y tu capacidad de expresión escrita?

....

3 ¿En qué taller vas a desarrollar más tu capacidad de expresión a través de la imagen?

....

4 ¿Y a través de la música?

....

2 (14) **Lee el diálogo y complétalo con las siguientes frases. Después, escucha y comprueba.**

Porque desde pequeño
a mí me gustaría
A mí me gustaría
qué quieres hacer
yo me conformo con
¿Y eso?
siempre me ha gustado

Profesora: Aquí tenéis la información sobre los talleres optativos para el curso próximo. Ya sabéis que tenéis que escoger uno y rellenar la solicitud.

Enrique: Rosa, ¿tú [1] .... el curso que viene?

Rosa: [2] .... hacer teatro, porque me encanta salir al escenario y representar distintos papeles.

Enrique: Pues [3] .... hacer el taller de lutiers.

Rosa: ¿Sí? [4] ....

Enrique: [5] .... estoy estudiando violín en el Conservatorio y tengo mucha curiosidad por aprender a fabricar instrumentos de cuerda.

Rosa: Y tú, Miguel, ¿qué quieres hacer?

Miguel: A mí [6] .... la fotografía.

Rosa: ¿Quieres hacerte un fotógrafo famoso?

Miguel: No, [7] .... aprender a hacer buenas fotos y hacer un buen reportaje del viaje de fin de curso.

3 (14) **Escucha de nuevo y practica con tu compañero.**

COMUNICACIÓN Y VOCABULARIO

1 Relaciona los siguientes verbos con las imágenes y di a qué personas representan.

corregir • componer • conversar • ilustrar • dirigir

1 ....

2 ....

3 ....

4 ....

5 ....

2 Escribe tus propias definiciones de las personas que realizan las acciones de los verbos del ejercicio 1.

1 ....: *es una persona que* ....
2 ....: ....
3 ....: ....
4 ....: ....
5 ....: ....

3 Completa las frases con el verbo entre paréntesis o con un derivado de este.

1 El .... en esta novela es un joven de quince años. (narrar)
2 En muchos comics las .... en blanco y negro tienen más fuerza que en color. (ilustrar)
3 Los trabajos de clase tenían muchos errores. El profesor tuvo que .... durante varias horas. (corregir)
4 Me gusta mucho tocar la guitarra. Quiero empezar a .... mis primeros temas. (componer)
5 Cuando los actores que trabajan en una obra de teatro tienen mucha experiencia, la .... es más sencilla. (dirigir)

DESTREZAS

LEER

1 **Lee el texto y di si las afirmaciones son verdaderas (V) o falsas (F).**

PLANET 51 UNA PELÍCULA DE OTRO PLANETA

- Sus creadores son los mismos que los del videojuego «Comandos».
- Película de animación que narra la historia de una familia de extraterrestres que vive tranquilamente en su planeta hasta la llegada de un alienígena (un hombre).

Andar por los madrileños estudios de Ilion supone recorrer grandes salas oscuras, llenas de jóvenes absortos mirando a sus monitores. De las paredes cuelgan extraterrestres afables, pequeños platillos volantes y el mapa de un lugar algo extraño en el que se desarrolla *Planet 51*, la producción animada más ambiciosa de la historia del cine español. Sesenta millones de dólares y más de doscientos profesionales para competir de igual a igual con las mejores películas de animación estadounidenses.

¿De dónde sale «Planet 51»?

¿Qué pasaría si los que temen y terminan sufriendo la llegada de un 'marciano' son los propios extraterrestres?
Esta idea ha permitido crear un nuevo mundo, Planet 51, utópico y feliz pero también paranoico. Hay películas de alienígenas pero... ¿alguien se ha preguntado qué pensarían ellos si se les apareciera un humano?
La llegada de Joe Stillman, guionista de *Shrek*, terminó de cuadrar la historia, y con Gonzalo Rueda, director técnico del proyecto y un 'clásico' del 3D español, el proyecto no podía fracasar.

1 ☐ Los creadores de *Planet 51* no habían hecho ninguna película antes.
2 ☐ La película trata de una familia de humanos que reciben la visita de un marciano.
3 ☐ La película se ha realizado en Estados Unidos.
4 ☐ Es la película de animación con mayor presupuesto del cine español.
5 ☐ El director técnico del proyecto es el mismo de la película *Shrek*.

ESCUCHAR

2 15 **Escucha lo que dice Carlos, un crítico de cine, sobre la película *Planet 51* y completa las frases.**

1 En la realización de la película se ha hecho una gran inversión para ....
2 La película está ambientada ....
3 Ha sido muy original trasladar .... a otro planeta.
4 Para conseguir unos buenos resultados hay que elegir las fechas .... más adecuadas y disponer de una buena ....
5 Después del estreno de la película vendrá ....

ESCRIBIR

3 **Escribe en tu cuaderno la reseña de una película de animación que te haya gustado para la revista del instituto.**

Transcripciones

Punto de partida

COMUNICACIÓN

1 Ejercicio 1

AMANDA: ¿Sí, dígame?
ALBA: ¡Hola, soy Alba!
AMANDA: Hola, ¿qué tal?
ALBA: ¿Qué vas a hacer el sábado?
AMANDA: Bueno, nada en especial. ¿Por qué?
ALBA: Tengo dos entradas para ver a Rihanna. ¿Quieres venir conmigo?
AMANDA: Sí, me encantaría. ¿Dónde actúa?
ALBA: En el Palacio de Congresos, el sábado por la noche.
AMANDA: Vale. ¿Dónde quedamos?
ALBA: ¿Qué tal si quedamos en mi casa?
AMANDA: ¡Estupendo! ¿Qué te vas a poner?
ALBA: Unos vaqueros y una camiseta.
AMANDA: Yo también llevaré vaqueros. ¡Hasta mañana!
ALBA: Adiós.

UNIDAD 1 **¿Cómo eres?**

COMUNICACIÓN

2 Ejercicios 1 y 2

DIEGO: ¿Te gusta estar con tus amigos?
VIRGINIA: Sí, me encanta estar con la gente con la que puedes hablar de tus cosas.
DIEGO: A mí también me gusta.
VIRGINIA: ¿Te gusta ir a la discoteca?
DIEGO: No, no me gustan los sitios muy ruidosos, ¿y a ti?
VIRGINIA: A mí tampoco. Yo prefiero los sitios donde hay poca gente.
DIEGO: ¿Te gusta la música?, porque yo toco el violín.
VIRGINIA: ¡Guau!, tenemos un montón de cosas en común.

UNIDAD 2 **Lugares**

COMUNICACIÓN

3 Ejercicios 2 y 3

ÓSCAR: ¿Le puedo hacer una pregunta?
VIGILANTE: Sí, claro. ¿En qué puedo ayudarte?
ÓSCAR: ¿Puede decirme dónde está el aula Terra?
VIGILANTE: Por supuesto. Está en la planta alta, enfrente de los servicios.
ÓSCAR: ¿Puede decirme dónde están los servicios, por favor?
VIGILANTE: Sube por las escaleras y justo a la derecha los encontrarás.
ÓSCAR: Muchas gracias.
VIGILANTE: De nada.

UNIDAD 3 **Vida sana**

COMUNICACIÓN

4 Ejercicios 2 y 3

ANA: Mañana es mi cumpleaños y quiero preparar algo especial.
ELENA: ¿Por qué no compras una tarta de chocolate y unas botellas de coca-cola?
ANA: Eso no me parece muy sano.
ELENA: ¿Qué te parece si hacemos un bizcocho de manzana?
ANA: Vale. ¡Qué buena idea!
ELENA: ¿Tienes huevos, harina, yogur...?
ANA: ¡Voy a mirar en la nevera! Sí, hay muchos huevos, bastantes manzanas y yogures.
ELENA: También necesitamos un poco de aceite de oliva y mantequilla.
ANA: ¿Y azúcar?
ELENA: No demasiada. No te olvides de la levadura.
ANA: Ya tenemos todos los ingredientes. ¿Cuánto tiempo tiene que estar en el horno?
ELENA: Treinta minutos. ¿Y para beber, qué vas a comprar?
ANA: Haremos un batido de fresa.
ELENA: ¡Qué rico y qué sano!

DESTREZAS

5 Ejercicio 3

MIRIAM: ¿Por qué eres vegetariana, Margarita?
MARGARITA: Porque me parece una opción saludable.
MIRIAM: ¿Cuándo empezaste?
MARGARITA: Empecé hace nueve años.
MIRIAM: Al principio te resultaría difícil, ¿verdad? ¿Entendió tu familia la decisión que tomaste?
MARGARITA: Bueno, al principio les costó entenderlo, pero ahora forma parte de la rutina, ellos ya saben que no tomo ni carne ni pescado.
MIRIAM: ¿Qué tipos de vegetarianos hay?
MARGARITA: Los más numerosos son los ovolácteos, que toman huevos y leche. Luego están los crudívoros, que toman productos no cocinados.
MIRIAM: Cuando comes fuera de casa, ¿tienes problemas en encontrar un menú vegetariano?
MARGARITA: En España es complicado, suelo recurrir a ensaladas, verduras, huevos y queso, salvo en los restaurantes vegetarianos.
MIRIAM: ¿Nos recomiendas algún plato?
MARGARITA: Sí, el seitán al horno con manzana y cebolla caramelizada.

UNIDAD 4 **De compras**

DESTREZAS

6 Ejercicio 2

Yolanda

A mí me gusta el nuevo look *hippie*. Intento mezclar un poco de todo. Combino el plástico y el metal en los cinturones, pulseras y collares, y normalmente llevo vaqueros y un bolso típicamente *hippie*. Me encanta La Fuga, Manu Chao y, sobre todo, John Lennon.

Marcos

A mí me gusta el estilo *rock*. Normalmente llevo camisetas oscuras, vaqueros con agujeros y una cazadora negra de cuero. Llevo el pelo con aire rebelde. Me gustan los Rolling Stones y tengo muchos discos de Mago de Oz.

UNIDAD 5 **Periodismo y actualidad**

COMUNICACIÓN

7 Ejercicio 3

BLANCA: Bueno, chicos, este año se ha declarado el año internacional del planeta Tierra y creo que puede ser muy interesante que participemos en el Concurso de Reporteros del Planeta Tierra.
JAIME: ¿En qué consiste el concurso?
BLANCA: Vamos a elaborar un reportaje de fotografía y un reportaje de vídeo.
JAIME: ¿Cómo tiene que ser?
BLANCA: El reportaje de fotografía debe estar formado por imágenes originales, con un texto explicativo de cada una de ellas, y el reportaje de vídeo debe tener una duración mínima de cinco minutos.
JAIME: ¿Quiénes pueden participar?
BLANCA: Alumnos de secundaria con un profesor. El número máximo de alumnos que pueden participar por clase es de treinta y cinco.
JAIME: ¿Qué necesitamos?
BLANCA: Una cámara de vídeo y cámaras digitales de fotos.
JAIME: ¿Qué tenemos que hacer para empezar a trabajar?
BLANCA: Lo primero es repartirnos en dos equipos: unos se encargan de la fotografía, y otros, del vídeo. Antes tenemos que decidir sobre qué aspecto geológico vamos a hacer el reportaje.
JAIME: ¿Qué premios ofrece el concurso?
BLANCA: Para el colegio, material fotográfico, videocámaras y cámaras digitales, y para vosotros, un fin de semana en el Parque Nacional de Cabañeros (Toledo y Ciudad Real) con estancia y visita guiada.

DESTREZAS

8 Ejercicio 2

RAQUEL: ¿Para qué sirve estar informado?
ELVIRA: Para conocer lo que ocurre en otros países, enterarnos de los problemas que tienen y ser más solidarios. Yo creo que tendríamos que leer un poco más los periódicos y ver informativos. (Elvira, catorce años)
RAMIRO: Para estar al día, a mí me gusta saber lo que ocurre en los deportes o qué película se va a estrenar, pues son temas de conversación que tenemos los amigos. (Ramiro, quince años)
TERESA: Es importante saber lo que hacen nuestros gobiernos, y estar al tanto de noticias como el cambio climático, porque en un futuro nos afectará. (Teresa, quince años)

UNIDAD 6 **¡Nos vamos de concierto!**

COMUNICACIÓN

9 Ejercicio 3

LUIS: ¿Qué tal las vacaciones de Navidad?
GERMÁN: Fantásticas. Estuve en Madrid y vi el concierto de Estopa.
LUIS: ¿Dónde actuaron?
GERMÁN: En el Palacio de Congresos.
LUIS: ¿Qué tal fue el concierto?
GERMÁN: Genial, el Palacio estaba lleno de gente, todo el mundo cantaba y bailaba. Me lo pasé fenomenal.

LUIS: ¿Fuiste solo?
GERMÁN: No, fui con mis primos. Lucas y Guille, como son fans, estuvieron dos horas antes de que abrieran.
LUIS: ¿Qué tal tiempo hizo?
GERMÁN: Bastante bueno para ser diciembre.
LUIS: ¿Qué temas tocaron?
GERMÁN: *Rumba triste*, *Cuando tú te vas*, *Partiendo la pana* y muchas otras. En Reyes me regalaron el disco.
LUIS: ¡Qué suerte! A ver cuándo me lo dejas escuchar.

DESTREZAS

10 Ejercicio 2

ENTREVISTADOR: Hola, buenos días a todos. Nos encontramos en Barcelona. Es el último día del Festival Sónar 2015. A nuestro lado están Javier y Myriam, dos valencianos asiduos de estos conciertos ¿Qué os ha parecido esta nueva edición del Festival?
JAVIER: Cada vez mejor. Es la quinta vez que venimos y nos hemos convertido en unos verdaderos fans.
ENTREVISTADOR: ¿Desde cuándo estáis aquí?
MYRIAM: Como dice Javier, nos encanta el Festival. Estamos desde el primer día e intentamos ir al mayor número de actuaciones.
ENTREVISTADOR: ¿Qué grupos son los que más os han gustado?
JAVIER: Para mí, The Chemical Brothers. Su música y su puesta en escena han sido magníficas. Como mejor voz, Róisín Murphy, tan personal y única.
MYRIAM: Mis favoritos han sido Skrillex, que no solo es muy guapo, sino que tiene una música muy explosiva y diferente, y Die Antwoord, con su hip hop sudafricano y gamberro, y una marcha impresionante en directo.
ENTREVISTADOR: Myriam, a ti ¿qué te atrae más de este evento?
MYRIAM: Creo que lo que me parece más interesante es lo global que es. Aquí te encuentras con gente de todos los países, todos utilizando la tecnología para crear música. Cada año resulta nuevo y distinto; te sientes parte de él.
ENTREVISTADOR: ¿Qué opinas tú, Javier?
JAVIER: Aquí encuentras grupos musicales famosos y otros que todavía no son conocidos. Esta mezcla es muy enriquecedora y, a veces, el público descubre las nuevas "estrellas" del tecno. Aparte de la música, no nos olvidemos de la juerga; nos lo pasamos realmente muy bien.
ENTREVISTADOR: La última pregunta, ¿habéis tenido problemas para encontrar alojamiento?
MYRIAM: Tenemos amigos en la ciudad. Si necesitamos dormir un par de horas, podemos llamarlos y acercarnos a sus casas.
JAVIER: La verdad es que apenas dormimos. El Sónar son solo tres días, ¡ya descansaremos después!
ENTREVISTADOR: Gracias a los dos. ¡Seguid disfrutando!

UNIDAD 7 ¿Qué quieres ser?

COMUNICACIÓN

11 Ejercicio 3

ISMAEL: ¿Qué te gustaría ser cuando acabes los estudios?
LETICIA: Bueno, a mí me gustaría ser periodista.
ISMAEL: ¿Por qué?
LETICIA: Porque me gusta escribir, leer y, sobre todo, viajar y creo que soy bastante sociable y responsable. ¿Y a ti?
ISMAEL: A mí me gustaría ser informático porque se gana bastante dinero y puedes crear juegos de ordenador.
LETICIA: Pues para ser informático, tienes que ser creativo y ambicioso.

UNIDAD 8 ¡Vacaciones de verano!

COMUNICACIÓN

12 Ejercicio 3

DAVID: ¿Quieres que vayamos de vacaciones al País Vasco este verano?
SARA: A mí me gustaría ir a la playa. ¿Hay playas en el País Vasco?
DAVID: ¡Claro que hay playas! Pero yo prefiero visitar sus ciudades y sus museos.
SARA: ¿Pero por qué no quieres ir a la playa?
DAVID: Podemos hacer las dos cosas. A mí me apetecen más unas vacaciones culturales, pero hay tiempo para todo.
SARA: ¿No te gustaría pasar unos días en la montaña?
DAVID: Por supuesto que sí. El País Vasco ofrece todas las posibilidades: arte, mar y montaña.

DESTREZAS

13 Ejercicio 3

PortAventura cerró el pasado domingo 6 de enero la mejor temporada de su historia. Desde que abrió sus puertas el pasado mes de marzo el parque ha recibido más de 4 millones de visitas. Este dato supone un incremento de un 6,6% respecto al año anterior.
Siguiendo la tendencia de los últimos años ha continuado el crecimiento de visitas internacionales a este destino turístico en un 3%. Los principales visitantes proceden, una vez más, del Reino Unido, Francia seguidos por Rusia y Portugal.
El mercado español ha aumentado el número de visitas de Cataluña en un 11%. También, destacan el crecimiento de visitas procedentes de Madrid y Andalucía.
Furius Baco, la nueva atracción, se ha convertido en la atracción más valorada por los visitantes del parque temático, ya que tres de cada cuatro personas la han calificado como excelente. Esta atracción, única en el mundo, acelera de 0 a 135 kilómetros hora en 3,5 segundos, más rápido que un monoplaza de carreras.
PortAventura volverá a abrir sus puertas el próximo 14 de marzo. Durante la nueva temporada la oferta se complementará con la apertura de tres campos de golf.
PortAventura es el destino de vacaciones más completo de Europa, único en cuanto a oferta de ocio y diversión para toda la familia.

UNIDAD 9 Hecho en España

COMUNICACIÓN

14 Ejercicios 2 y 3

PROFESORA: Aquí tenéis la información sobre los talleres optativos para el curso próximo. Ya sabéis que tenéis que escoger uno y rellenar la solicitud.
ENRIQUE: Rosa, ¿tú qué quieres hacer el curso que viene?
ROSA: A mí me gustaría hacer teatro, porque me gusta mucho salir al escenario y representar distintos papeles.
ENRIQUE: Pues a mí me gustaría hacer el taller de lutiers.
ROSA: ¿Sí? ¿Y eso?
ENRIQUE: Porque desde pequeño estoy estudiando violín en el Conservatorio y tengo mucha curiosidad por aprender a fabricar instrumentos de cuerda.
ROSA: Y tú, Miguel, ¿qué quieres hacer?
MIGUEL: A mí siempre me ha gustado la fotografía.
ROSA: ¿Quieres hacerte un fotógrafo famoso?
MIGUEL: No, yo me conformo con aprender a hacer buenas fotos y hacer un buen reportaje del viaje de fin de curso.

DESTREZAS

15 Ejercicio 2

ENTREVISTADORA: Hoy estamos con Carlos García, crítico de cine. Nos va a contestar a unas preguntas para nuestro programa. Carlos, ¿por qué ha sido necesario hacer una inversión de sesenta millones de dólares en la película de *Planet 51*?
CARLOS: Ha tenido que ser así para que *Planet 51* pueda competir con el mejor cine de animación, el estadounidense. Para conseguirlo, han tenido que reunir un equipo de primer nivel y desarrollar la tecnología adecuada.
ENTREVISTADORA: ¿En qué época está ambientada la película?
CARLOS: La película está ambientada en los años cincuenta, porque en esa época se tenía mucho miedo a los marcianos.
ENTREVISTADORA: ¿Qué ha sido lo más divertido de la realización de la película?
CARLOS: Ignacio Pérez Dolset, productor de *Planet 51*, ha comentado que ha resultado muy original trasladar coches y hamburguesas a otro planeta. Y que también ha sido muy divertido peinar a un marciano como un rockero.
ENTREVISTADORA: ¿Pero cómo se amortizará la inversión? ¿Los productores están seguros de que el esfuerzo tendrá la respuesta esperada?
CARLOS: Aún les queda mucho trabajo, y quieren hacer las cosas bien, como han hecho hasta ahora. Es muy importante elegir las fechas de estreno más adecuadas, disponer de una buena publicidad y tener la seguridad de que, cuando un niño se coma una hamburguesa, esté además mirando en la caja un personaje de la película. La cinta será maravillosa, pero cuidarán los detalles para estrenar en las mismas condiciones que las grandes distribuidoras. Quieren que sea una película muy comercial, que guste a las familias, a los creadores, a los distribuidores y al público en general. No quieren decepcionar a nadie.
ENTREVISTADORA: ¿Y después?
CARLOS: Después vendrá el videojuego. Mucho de lo que no entró en la película, estará allí, para aprovechar la creación de un planeta increíble, con su propia gravedad. Todo un mundo de diseños, movimientos y personajes: un mundo que será maravilloso.